JN079745

アイヌもやもや

見えない化されている「わたしたち」と、
そこにふれてはいけない
気がしてしまう「わたしたち」の。

著／北原モコットゥナシ

漫画／田房永子

303BOOKS

はじめに

　本書を手にする方には、漫画やアニメ、小説、学校の授業などからアイヌ民族やアイヌ文化に関心を持ったという方も多いことと思います。ここでいう「アイヌ文化」は、主に19世紀から20世紀半ばころの、主に北海道以北の言葉やくらし方です。アイヌのおじさんではあるものの、昭和末に埼玉県で育った私にとってもこれは「ほぼ異文化」で、それを知ることは新鮮で楽しい体験です。

　一方で、アイヌと「差別」や「偏見」という言葉が対のように語られるのを目にする方もいるかも知れません。アイヌに限らず、差別や偏見、格差などといった言葉は、しばしば目にするけれども、社会の「表側」、田房永子先生の言葉で言えば「A面」に当たる空間では、それほど話題にされない気がしませんか。とても重要そうなことなのに、世間の大部分が、無関係・無関心というポーズを取っているような、それを正面から議論すると冷笑や「面倒な人」扱いが待っているような。それに、深く考えたいと思っても、ばくぜんとしか知らないこともけっこう多いし。もやもやします。実に。

　この気分を表すのに「アイヌ問題」という言葉ではイマイチです。仰々しいし、アイヌに問題があるみたいだし。そこで、アイヌや、非アイヌの抱えるスッキリしない思いを「アイヌもやもや」と表現します。ふざけているように思えるかもしれませんが、これは「言葉の扱いを丁寧に、でもハードルは低く」

という思いからの試みです。

　近年、マイノリティに対する差別・ヘイトスピーチ、ルッキズムなどを放置しない雰囲気ができてきました。それらの報道や著作の中でも、私が最も大きな、衝撃とも言える影響を受けたのが田房永子先生のイラストや漫画でした。田房先生は、実体験や取材を通じて、社会が男性向けに作られていることによる疎外、その中で女性が都合よく切り取られ利用される感覚、性的な被害、それが社会にまったく顧みられないことへの疑問を、漫画・イラスト・文章を通じて表現している方で、その作品には、ユーモアと分かりやすさと鋭さの3つが同居し、もやもやを晴らす力を持っています。

　女性のもやもやを生むのは、直接的な暴力や搾取に加え、「6つのム」（無知、無理解、無関心、無配慮、無反省、無化）です。さらに「教育」や「収入」の機会を無にされることもあります。これらは他のマイノリティの経験にもよく似ており、また「女性であり、障がい者であり、アイヌである」など同じ人に重なって起こることもあります。

　本書は、漫画を通じてもやもやを感覚的（状況的・文脈的）に共有できるように示し、若干の解説を付けるというスタイルをとっています。アイヌにもそうでない方にも、構えずに読んでいただけたらと思います。

北原モコットゥナ_シ

登場人物紹介

颯太

東京に住む高校生。アイヌとしてのルーツをもつ。この本の主人公。

颯太のクラスメイトたち

颯太の家族

おばあちゃん

北海道に住んでいる。

母

北海道から上京し結婚。3人の子どもを育ててきた。

美咲

颯太の姉。大学生。

さやか

颯太の姉。もうすぐ子どもが生まれる。

達也の家族

達也

北海道の市役所に勤めている。この本のもう一人の主人公。

真美

達也の妻

小春

達也の長女

マーくん

さやかの夫。

マーくんの家族

第 1 章

言い出しにくいんです

自分のルーツ

僕は颯太
アイヌにルーツをもつ
高校生だ

北海道の
おばあちゃんは
アイヌ料理を
作ってくれる

シト

チェプオハウ

でも、ふだんアイヌを
意識することは
ほとんどない

ねえ
母さん

なァに？

僕のように
東京に住んでる
アイヌの高校生も
いるよね？

…ごめん、
その話は
また今度ね

もう仕事
行かなきゃ
だから

いつも
これだ

僕の名前にはアイヌ語の意味も

命名
颯太
サッタ

あるらしいけど、
親はちゃんと教えてくれない

9

どうして？
僕のこと
なのに

きっと同じ気持ちの人が
いるはずだ

アイヌ 東京

検索

そこには
思いもかけない
言葉があった

「見たことも
会ったこともない」
って…

「アイヌは日本人に
同化した。だから
もういない」
って…？

アイヌは自分たちの
土地や言語を奪われても、
その文化を守ってきたのに

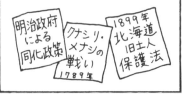

おばあちゃんだって
僕だって今生きてるのに

そんなころ、学校で
人権学習の授業があった

なぁ

「知らない」って結構傷つきます

ネットの暴力空間

　今の社会には、インターネットが深く浸透し、私たちは実に多くの情報をネットから得ます。いわゆる**マイノリティ**※にあたる人でなくとも、「自分と同じ人っているのかな」と、ネットで検索することがあるでしょう。ネットは誰でも見て・発信することができる空間です。ただ、仕組みの上では発言が可能でも、実際には発言を阻む力が働いているのを見かけます。ネットは社会を映したものであり、実社会にある不均衡な部分が凝縮された空間でもあります。

必要な情報にたどりつかない

　ライター、フェミニストの小川たまかさんは、「痴漢」や「レイプ」**などの言葉で検索をすると、ポルノコンテンツがヒットしてしまうと指摘しました**※（2016年11月当時）。現在、検索システムの改

※**マイノリティ**　　一般にマイノリティは少数派、マジョリティは多数派と言われます。ただし、女性と男性の関係では、男性はほとんど同数の女性にくらべて優位な立場にあるといわれます。また、お金持ちと平均的な収入の人とでは、お金持ちの人の方がはるかに少数ですが、社会に大きな影響力を持っています。このように、社会の中で優位な、中心的立場にある人々をマジョリティ、そうでない方をマイノリティと言うこともあり、本書では、そのような意味でこの言葉を使います。なお、マジョリティ・マイノリティに当たるカテゴリーには、性別や経済力の他にも日本人と外国人、和民族と非和民族、健常者と障がい者、異性愛者と同性愛者、都市圏と地方など様々なものが含まれます。

良などで状況は改善しているようですが、性被害に関するニュース
のコメント欄やSNSには、依然として見るに耐えない言葉が並ん
でいるのを目にします。これでは、性被害にあった人が、新たにダ
メージを負ってしまう可能性があります。セクシュアルマイノリ
ティも、好奇の目で見られることが多く、またレズなどの名称がポル
ノコンテンツで使われやすい、連想されやすいといいます。ネッ
トでも日常と同じく、マイノリティについての情報は、マジョリティ
目線のものであふれています。数年前、私はアイヌ文化について学
ぶ中で、アイヌ文化との共通点があることから、朝鮮半島の文化に
関心を持つようになりました。朝鮮の歴史・文化をネットで調べよ
うとすると、誹謗中傷や歪んだ歴史認識のもと書かれた記事に行き
あたることが多く、閉口したものです。必要な情報に出会える便利
なツールのはずなのに、欲しい情報にたどりつけないどころか、見
ただけで心に新たな傷を負ってしまいます。

13

「素朴な疑問」の破壊力

　そこまで露骨なものでなくとも、あるいはまったく悪意がなくと
も、人々の言葉に傷ついたり、水をかけられたような気持ちになっ

※**ライター、フェミニストの小川たまかさんは、「痴漢」や「レイプ」などの言葉で検索
をすると、ポルノコンテンツがヒットしてしまうと指摘しました**　小川たまか『「ほ
とんどない」ことにされている側から見た社会の話を。』（タバブックス）より。

たりすることもあります。これを**マイクロアグレッション**[※]といいます。例えば、ネットニュースなどで、性被害や**セクシュアルマイノリティへの疎外**[※]が話題になるとき、話題そのものよりも被害者／当事者の実在が問題になっていることがありませんか。「よくLGBT+ が〜とかいうけど、実際そんなにいるのか」とか「痴漢なんてほとんどが冤罪なんだよ」というふうに。

被害者バッシング

　こうした反応をする人は、ある意味マジメな性格なのかも知れません。「この社会には問題がある」というニュースは、受け手に「何も対処しないのか」と問いかけるメッセージを含んでいます。問題を知らされること自体をプレッシャーに感じる人もいるでしょう。また、メッセージを受け取り、何か行動しようと考えたとしても、自分のことだけでも毎日いろいろあって、そうそう何かを始めることはできません。何もできないまま問題が放置されてしまう、その無力感はストレスになります。それを避ける反応の１つとして「そ

※**マイクロアグレッション**　　露骨な悪意が見えず、むしろ多くの場合は無意識に発せられる言葉や冗談の形で、相手への軽視や敵意を伝える態度のことです。ふとした時、ごく短い間に表情や声色、仕草、短い言葉などによって伝えられることも特徴です。このため、被害者は攻撃を受けながらもそのことを意識することができない場合があります。「古典的差別」などと呼ばれる露骨ではっきりした差別にくらべ、何が悪いのかが見えにくいために問題にしにくく、対応が難しくなります。しかし、心や体に与えるダメージは決して小さくないと言われます。

※**セクシュアルマイノリティへの疎外**　　学校、職場、友人関係などでからかいや排除（退職を迫られるなど）の対象になることや、同性婚などマジョリティに認められている権利がマイノリティには認められないことなど。

れほどの問題はないのだろう」とか「被害者の方に問題があるんじゃないか」等と考えることがあるのです。

　人々は自然な心の働きによって、自分の暮らす社会を正しいものとして見ようとします。**こうした見方は「公正世界信念」と言われます。**努力をすれば、それに見合った成功やみかえりがあるはずだと考え、それによって前向きにくらしていけます。もし、これに合わない事実があったとき、例えば努力をしているのに生活が安定しない人がいたとき、人々は社会よりも困っている人を疑いやすいといいます。その人自身に問題があるのではないかと考えてしまうわけです。

　いじめ、性暴力、ＤＶ、パワハラなどと同じく、民族差別についても被害者を攻撃したり、加害者を特殊な人と見なしたりする（今回はたまたまひどい人が危害を加えたと思い込む）ことが起こりがちです。被害者自身が自分に落ち度があったのだと自らを責めてしまったり、被害を認めたくないという感情をもってしまったりすることも共通しています。被害を認める、つまり自分が不利であるとか「弱い」ことを引け目に感じてしまうのは、加害者の責任を被害者の欠点に転換してしまう刷り込みのせいです。「弱い」立場にあることに引け目を感じてしまい、そのことを受け入れにくい人もいます。ここに引け目を感じてしまうのは、加害者の責任を被害者の欠点に置きかえてしまう見方が刷り込まれているためです。**本来、引け目を感じるのは加害者のはずです。**

二次的な被害

　抑圧・差別を「あってはならないこと」とする考え方は、現代社会に共通の前提となっています。また、今見たような差別が見えにくくなる仕組みもあります。そのため、マイノリティへの差別などに対しては**正当化**（差別ではない）、**緩和**（差別だがそれほど重大ではない）、**弁解**（理由がある）、**否認**（認めない）という反応が起こりやすくなります。否認のパターンとしては、やっていない（行為の否認）、わざとじゃない（意思管理の否認）、そういうつもりじゃない（意図の否認）、そのためにやったのではない（目的の否認）などがあります。これは、差別に向き合うことを避けるための言い訳ですが、被害者にとっては新たな傷を負わされる加害ともなります。

マイノリティへの差別などに対して
起こりやすい反応

正当化	緩和	弁解	否認
差別ではない	差別だがそれほど重大ではない	差別するには理由がある	差別だと認めない

　自分がひどいことをされたときに「わざとじゃないから仕方ない」「何がひどいのかわからない」と言われたらさらに傷つきます。ちなみに、被害の訴えに対し「興味ない」とか「俺知らね」と言われてもやはり傷つきます。**無関心もまた、マイノリティにとっては攻撃と同じくらい恐ろしいことなのです。**

アイヌに対する無関心

　アイヌ民族（以下、アイヌと略すことがあります）に関するニュースにも、実は先に見たのと同じような反応があります。差別や貧困などの社会問題に限らず「○○博物館でアイヌ文化の展示が始まる」といったニュースにさえ、ネット上では「ずっと北海道に住んでいるがアイヌに会ったことがない」「興味がない」といったコメントが付きます。

　こうしたコメントには、少し攻撃的な意図を感じます。というのも、文化紹介などのニュースに応じるコメントとしては脈絡がおかしいからです。「縄文文化を紹介する」とか「キリンの赤ちゃんが生まれた」というニュースに、「縄文」や「キリン」を見たことがないとか興味がないというコメントは付きません（広大なネット空間のどこかにはあるかも知れませんが）。世の中は、実際には会った／見たことがないものであふれています。その中で、あえてマイノリティを選んで「会ったことがない」「いない」と書くとすれば、そこには存在や主張を打ち消したいという意図がありそうです。さらに言えば、「キリンを見たことはないから、この世にキリンなどいない」と言い張るような不可解さがあります。これについては、2章も参照してください。

「○○に会ったことがない」と思う理由

19

日本人？ 和民族？ アイヌ？

「会ったことがない」という言葉に悪意を感じることもあるけれど

解説❶に書いたように、マイノリティに「会ったことがない」という意見には、たまに悪意が混じっていると感じるものもあります。とはいえ、私がふだんお会いする人の中にも、素朴な感覚として「〇〇の人に会ったことがない」と感じる人が実にたくさんいます。読者の皆さんの中にも多くいらっしゃることでしょう。それまで含めて「悪意だ」と言うつもりはありませんので、心配しないでください（とはいえ、口にするには慎重でありたい言葉です）。

「いない」ってエビデンスあります？

ところで「アイヌに会ったことがない」人も、周囲に向かって「あなた日本人だよね、アイヌじゃないよね」と確認したことがある人は、ほとんどいないのではないでしょうか（実際にいたら、けっこう引かれるのではないかと思います）。また、自分自身が何人かも確認したことがないという人が多数派ではないかと思います。私自身も、埼玉県で育ち、周囲には和民族しかいないと感じながら育ってきました。けれども、同級生に「みんな日本人だよね？」と聞いたことは一度もありません。今から考えれば隣町には朝鮮初中級学校もありましたし、小中高時代に在日コリアンの生徒がいた可能性

は高いと思いますが、お互いに聞いたことも聞かれたこともありません。でした。こう考えてみると、私たちは、**自分がアイヌや他のマイノリティであっても「日本にいる人は日本人だ」と無意識に思い込んでいる**ようです。

「日本人」じゃないとヤバイ？

とはいえ、中国人や韓国・朝鮮人が話題になることはたびたびありました。平成後半に育った世代には考えにくいかも知れませんが、昭和の終わりころ、埼玉県上尾市の私の学校（の私の周囲？）では、中国人・朝鮮人・インド人・モンゴル人・土人といった言葉は、口にしただけでバカにした笑いが起こる、今から思えば大変嫌な「ギャグ」にされていました。身体障がい・知的障がいも、からかいの目で見られていました。いわば健常者・日本人から外れる者は、まともではない、バカにして良いという空気がありました。ですから、仮にそうした出自の生徒がいても、口には出しにくかったでしょう。

私が北海道（アイヌ語でヤウンモシㇼ）札幌市の大学に進学した90年代は、まだ留学生や外国人労働者は今ほど身近ではありませんでした。埼玉県と違うのは、周囲がアイヌという言葉を知っていたことです。周囲の学生がテレビや教科書などでアイヌを知っているようでしたし、ボサボサに伸びた髪を頭の中ほどで紐で縛った学生が、陰で「アイヌ」と呼ばれているなど思いがけない形でアイヌという言葉の認知度を感じました。私も、髭を伸ばし始めると、サークルの先輩が苦笑しながら「アイヌみたいだよ？」と忠告してくれました。大学院では留学生が多く、前職の（旧）アイヌ民族博物館

では職員にアイヌと和人の割合が半々くらいでしたから、それぞれのルーツが話題になることもありました。もっとも、話題にはなりますが、面と向かって聞いて良い雰囲気ではありませんでした。

「日本人」て誰でしょうか

　ところで、実は「日本人」は、こういう話をするときには使いにくい言葉です。

　「日本人」という言葉には、国籍と民族性という2つの意味がありますが、日本では「日本国籍の人＝先祖代々日本語を話し、日本文化の中で生活してきた」というイメージがあります。ついでにセクシュアリティも、経済状況やいわゆる家柄なども、みんな同じだという先入観が根強くあります。「みんな同じ」であることが当たり前なので、ルーツやセクシュアリティを確かめようとすること自体が、とても特別なことになっています。ごくごく私的なことでもあるので、誰かに急に聞かれるとドギマギすることもあるし、自分が人に聞くこともためらいますよね。

　そんな中で「実は自分はちがう」と言い出すことは、かなり勇気がいることです。「みんな同じ」とか「違ったらヤバイ」という空気が同調圧力として働き、人と違うことを言い出しにくい環境ができています。「みんなとちがう人」に「会ったことがない」と感じるのは、単なる私たちの思い込みかも知れず、さらに言い出せない環境が大きく関わっているとも考えられます。

　触れにくいことに触れずにいると、どんどん「禁断の話題」になってしまいます。それに、現実には非「日本人」への偏見はあるので

すから、触れずにいることは、問題に向き合うチャンスを逃し、差別を温存することにもなります。そこで、あえて互いのルーツをオープンにし、思い込みを自覚する方が、関係を良くしていく動きにつながります。ただ、そのときに「日本人」は使いにくいのです。

「日本人」の使いにくさ

なぜ「日本人」は使いにくいのか。日本人を「日本（国籍）の人」という意味で使えば、アイヌも日本人だということになります。そうすると混乱しますよね。

日本人 = 日本国籍の人 ➡ アイヌも日本人 ➡ みんな日本人??

アイヌも日本人ならみんな日本人＝みんな同じで良いのか？　となってしまう。アイヌと日本人の間には国籍という共通点と、民族性という違いがあります。民族性とは、言葉や価値観や歴史であり、それらの維持など、くらしの上での基本的な要望や必要性の違いにもつながります（4章を参照）。全部同じとしてしまうと、マイノリティの方のニーズが見落とされてしまうのでうまくありません。国籍は日本で民族はアイヌ、というアイデンティティの重なりを理解することが大切です。ところが、**国籍も民族も「日本」としか言えないと、この違いがあいまいになってとらえにくいのです。**

 国籍 ＝日本人 ／ 民族性 ＝アイヌ 国籍 ＝日本人 ／ 民族性 ＝日本人??

「見えない」のは
名前がないせいでもある

　問題は、「民族としての日本人」には、国籍を含まない「民族性だけを指す自称」がない点にあります。

　実は、マジョリティには自称がないことが多いのです。というのも、マジョリティは自分について問われることがありませんから。マイノリティには「ろう者（聴覚障がい者）」や「同性愛者」といった呼び名がありますが、そうでない人々のことを以前は「ふつう」としか言えませんでした。近年は「聴者」や「異性愛者」という言葉があります。呼び名が付くと「ふつう」というあいまいさが消え、1つの独特な立場がハッキリと見えて良いですね。それに「ふつう」と「特殊」といったとらえ方では、何か問題があるときに「特殊」な人の事情だと見なしやすくなりますし、ふつうの人を優先して、特殊な人々が後回しになっても仕方がないような空気も生まれます。しかし、それぞれが互いに異なっているだけなら、両者が平等であることが自然だと思えます。

　同じことは女性と男性の間でもあります。例えば女性の医師を「女医」、女性である神を「女神」と呼びますが、男性については「男医」や「男神」とは呼びません。

　「女医」や「障がい者のスポーツ選手」、「アイヌの作家」などなど、マイノリティは個人である前に「その立場の人」として十把ひとからげに見られます。一方、マジョリティは1つのまとまりとして見られることが少ないため、自分を個人だと見なしやすくなりますし、呼称があったとしても、それを使うことを好まない傾向があります。

　アメリカでは、かつて法的に「白人」と名乗っていたヨーロッパ

系の人々が、今では「白人」と呼ばれると憤慨するといいます。社会学者・フェミニストの上野千鶴子さん、小倉千加子さん、富岡多恵子さんの３人が男性作家の作品を批評した『男流文学論』が発表されたとき、男性の作家や批評家が猛烈に反発したことがありました。これは批評内容だけでなく、男性作家が「男流」とくくられたことへの反感が含まれていたのではないかと思います。

　個性を無視して枠に当てはめられることは愉快なことではありません。まして、社会に不均衡な関係があるとき、立場を名指しすることは、相手を優位・劣位のどちらかに位置づけることになります。マジョリティはそれをマイノリティにだけ強いることができる、特別な立場にあります。**マイノリティが特別だから名前が付くのではなく、望まない名前を拒否できるマジョリティのパワーが特別なのです。**名前を付けることで、立場だけでなく特別なパワーまでも可視化できるようになります。

2
5

「日本人」から「シサム／和民族」へ

　ところで、「日本人」の民族性だけを表す自称はありませんが他称はあります。沖縄から見れば九州・四国・本州の人々は「やまとぅんちゅ（やまとの人）」ですし、同じ人々を北海道のアイヌ語では「シサム」と呼びます。また、**松前藩**※の人々は「和人」と自称してきました。**私は、やまとぅんちゅかシサム、または和民族という言葉をお勧めします。**

※**松前藩**　江戸時代に、北海道松前に藩庁を置いた外様藩。

「◯◯ってそーゆーとこある」

颯太は姉たちに
聞いてみた

あのさ

学校とかで
自分がアイヌだって
言ったことある？

う〜ん
ないかも

私は
あるよ

そう
なんだ

うん、
だけど

「家では民族衣装
着たりするの？」
とか聞かれてさ

「木彫りが
得意なんでしょ」
とかさ

「見ればわかる」という決めつけ

なぜ、「見ればわかる」と思うのか?

「自分のまわりにマイノリティはいない」と感じる人は、別の言い方をすれば「自分のまわりには自分と同じ人ばかりがいる」と考えていることになります。私たちは、相手が自分と同じか違うかといったことをどのように判断しているのでしょう。例えば、1日をふり返って「女性に会ったかどうかがわかるか」と聞かれたら、わかりそうな気がします。相手に性別を確認することは（ふつう）しないでしょうが、それでもわかる気がしています。それは、まずは長い髪やスカートといった見た目によっているのではないでしょうか。それに加えて、仕草や声、口調などで、相手が「女性的」かどうかを無意識に判断しているのでしょう。つまりは、相手を女性だと見なしているだけのことですが、私たちはそれが事実だと考えています。同じように、セクシュアルマイノリティもアイヌも「会えばわかる」と考えられています。

「アイヌはこういう顔」

アイヌの場合も、顔立ちなど外見の違いによって「わかる」と考えられています。私はたびたび学校の先生たちとアイヌについての教育をテーマに対話することがあります。そのとき、多くの先生が「アイヌの子を受けもったことがない」ので、アイヌについてふだ

んから意識することがない、と言います。クラスにアイヌの子がいないと思う理由を尋ねると「そういう顔や名前の子がいないから」という答えが返ってきます。ここからも、アイヌであれば顔や身なりや振る舞い、あるいは名前・言葉などで「わかる」と考えられていることがわかります。誤った考えではありますが、アイヌ同士でも、初対面の相手がアイヌかどうかは、同じように見た目や名前で判断しているところがあります。実際に相手のルーツを聞くことにはためらいがあるので、自分や身内、知人と接した経験からできた脳内のデータ、主に見た目からわかることを元に考えるのです。

ステレオタイプ

　こうした、ある種の「決めつけ」をステレオタイプと言います。アイヌについてのステレオタイプとして、見た目の他に「アイヌ語を話す」「山奥で狩りをして暮らしている」というものがあります。私の知人や私自身も、周囲に「アイヌなんだ」と話すと「えっ!? じゃあそういう暮らしをしてるの!?」と聞かれることがあります。つまり、ばくぜんと「自分たちとは違う特別な場所での風変わりな暮らし」を思い浮かべてしまうのでしょうね。知り合って何年もたつ人からそう言われると、思わず「ふだん見てたらわかるべよ」とツッコミたくなりますね。あまりにもよく聞かれるので「そう！」と答えることにしている人もけっこういます。
　また、マイノリティは全般的に「こわい」「感情的」「能力が低い」といったネガティブな評価をされがちです。

人々の個性を脇に置いて、属性などでひとくくりにする物言いは、総称文の一種です。言語哲学者の和泉悠さんは、次のような「総称文の3つのタイプ」を紹介しています。

総称文の3つのタイプ

❶ 例外なく全てのAがB
【例】正三角形は二等辺三角形だ。

❷ 大半のAがB
【例】象の鼻は長い。

❸ Aの中にはBもいる
【例】蚊はデング熱を媒介する。

　❶はもれなく全ての正三角形に対して当てはまります（私は忘れてましたが……）。それに対して、❷・❸には例外があります。特に❸は、こうした病気を媒介する蚊は、蚊業界全体から見れば、一部の少数派だと言えます。
　私たちは、このように例外が多くある文であっても、内容が危険を伝えるものである場合には、総称文をそのまま受け入れる傾向があるといいます。すると何が起こるでしょう。例えば、身近なところで犯罪が起きたニュースは、私たちにも危険が及ぶことを想像させます。そのとき「犯人は○○人だった」という情報が付いていたとしたら「○○人には犯罪者が多い」というイメージができてしま

う可能性があるということです。思い返してみれば「だから○○人は」という言い回しは、ほめるより、けなしたり非難したりする時に使うことの方が多くありませんか。

　これとは逆に、アイヌや他の民族にルーツのある人、セクシュアルマイノリティが「かっこいい」「芸術方面の感性が豊か」「身体能力が高い」と言われることもあります。ほめるなら悪くないような気もしますが、**良い評価も悪い評価も、どちらも決めつけであることには変わりありません。**私や私の知人たちは、アイヌであることでけなされることも、急に持ち上げられたり「アイヌに会いたがっている人がいる」などと言われたりすることもよくあります（p44〜47の漫画を参照）。初対面の人に、自分のルーツや属性によって内面を判断されたり、ルーツを明かしたとたんに周囲の態度が急に変わったりするようなことがあれば、うれしくありませんよね。

枠組みの強さ

　「○○の人はこう」というイメージができあがってしまうと、この枠組みは簡単にはなくなりません。人間の心の「くせ」で、**一度「○○人」という枠ができあがると、無意識にそれを維持するような情報を選別してしまう**と言われています。例えば「関西人は明るくて面白い」「A型は神経質」「女性は理系が苦手」などといった言い方があります。「明るい関西人」像を抱く人も、関西出身者と接すれば、内向的な人や冗談をあまり口にしない人に出会うはずです。ところが、実体験よりもイメージがまさって「たまにはこういう人もいるさ」とばかりに、イメージに合わない人を例外と見なしてし

まうこともあります。イメージと違う人に会う経験を何度もすれば、イメージの方が修正されることもありますが、たまたま思う通りの「関西人」に会えば「やっぱり！」と納得して枠組みを強化してしまいます。

　マジョリティについても同じことがあります。「日本人」には色々な人がいることは実感としてわかっていますが、ついつい「日本人はこう」と考えたり言ったりしてしまうことがあり、そのイメージはなかなか強固です。これを「選択的認知」と言います。困ったことに、自分にはプラス、他者にはマイナスのイメージを持つ傾向があるといいます。人を見下すことも「うぬぼれ」も良くないと知っているのに、そうなってしまいがちなのです。

不可視化とステレオタイプの強化

　ステレオタイプによって、マイノリティの存在はますます見えづらくなります。その流れをまとめたのが右の図です。

　この、マイノリティが見えなくなる循環を、逆にしてみたらどうでしょう。自分が知らずにステレオタイプを持っていることを自覚し、それを疑って、マイノリティの個性に目を向ければ、マイノリティも「名乗っても大丈夫かも」と感じられるかもしれません。

⌇ マイノリティが見えなくなる循環 ⌇

❶

**ステレオタイプに
合うように振る舞えば、
マイノリティとして特定され
不利益を受けるリスクがある**

「セクシュアルマイノリティなら」「アイヌなら」等々、偏見をもたれる、または妙な理想や期待を押し付けられるということが起こる。

❹

**ステレオタイプが
維持されたり
強まったりする**

マイノリティであることを明かす人がごく少なければ、マジョリティが先入観を修正するチャンスがなく、ステレオタイプが維持されたり強まったりする。

❷

**ふつうは、
❶のような事態を
避けたいと思う**

❶のような事態を避けるために、マイノリティと特定されないように、ステレオタイプからわざと外れる振る舞いをする。

❸

**マイノリティはさらに
目に付きにくくなる**

「ここにはマイノリティはいない＝"ふつう"の人しかいない」というイメージがマジョリティの間で強化される。それにより、ますますマイノリティであると言いづらくなる。

「日本スゴイ」アタック

「日本スゴイ」への違和感

私的な印象では、2000年代に入ってから、テレビ番組や書籍のタイトルなどに「日本」や「日本人」という言葉をよく見かけるようになり、それだけでなく「日本スゴイ」とか「世界で愛される日本」など、日本の美点や特異性を推すモノが一気に増えました。

編集者、早川タダノリさんの『日本スゴイのディストピア』という本があります。この本では、戦前の日本社会における「日本スゴイ」ブームを、当時の雑誌などを例に挙げながら丁寧に紹介し、同時に現代日本で飛び交う言葉が戦前に近づいていると指摘して、注意を促しています。

同じころに、スポーツの日本代表チームに「SAMURAI」や「なでしこ」という言葉が使われるようになりました。これらは、日本らしさを感じさせる言葉として選ばれているのかもしれません。しかし、よく考えてみれば、侍とは武装集団のことで、武力によって特権を得た、人口の10%に満たない限られた階層です。多くの庶民は、武士の理不尽なふるまいによって、忍耐を強いられてきたのですから、日本国民の大多数が自分を重ねるにはムリがあるのではないでしょうか。なぜ、「農家Japan」や「大工Japan」、「蕎麦屋Japan」ではいけないのでしょう。

また、侍の賛美には「主君」、つまり自分よりも恵まれて特権を持った人々のために自分を犠牲にすることが「美しい」という価値観を伴います。そして「やまとなでしこ」は、控えめにそうした男性全

体を支える点が良いとされているのです。これらを美化する感覚は封建主義的で、しかも国民、庶民が自ら封建的価値観にしたがうことを尊んでいるように見えて、いびつな感じがします。

教育をめぐっても「愛国心」の育成が議論され、2001 年に改正された教育基本法という法律の第 2 条には、次の文が加えられました。

> 伝統と文化を尊重し、それらをはぐくんできた我が国と郷土を愛するとともに、他国を尊重し、国際社会の平和と発展に寄与する態度を養うこと

また、1999 年に日の丸・君が代を国旗・国歌とする法律ができました。これによって、入学式・卒業式といった学校行事で、国旗に向かって起立し、国家を歌うことが先生たちに求められるようになりました。その後、東京地方裁判所によって、これらが義務ではなく、起立・斉唱をしないことによって処分をしてはならないという判断が示されています。

特に注目されるのは、裁判所が「日の丸、君が代は、明治時代以降、第二次世界大戦終了までの間、皇国思想や軍国主義思想の精神的支柱として用いられてきたことがあることは否定し難い歴史的事実であり（中略）日の丸、君が代が価値中立的なものと認められるまでには至っていない」と述べている点です。しかし、**日本全体としては、このような国旗・国歌を受け入れることが進んできている＝問題を感じる人が少ない**ところが気になります。

「反日」の違和感

　もう１つ気になるのは「日本スゴイ」ブームと同時期に「反日」や「嫌韓」「嫌中」といった言葉を目にする機会も増えてきたことです。「反日」という言葉は、主に日本に対し批判的な意見を持つ人々に対して使われています。その批判とは、戦前の日本が行った侵略行為に対するものですが、それに加え戦後の教育やメディアが戦争による被害を強調し、加害を軽視していることも批判されています。市民の中にも「軍部の暴走に巻き込まれた」とし、国民を被害者として、責任を問う視点を欠いた意見があります。こうした日本社会の姿勢を批判したくなるのは、支配を受けた側からすれば、ある意味当然ではないでしょうか。**「反日」という言葉からは「日本を好きか嫌いか」ばかりを気にして、日本側が自らの姿勢を省みたり、変わったりする発想が抜け落ちているように感じます**。また、内なる批判にも敵意を見せ、中韓に親しみを表明する人々、果てはK-POPファンまでもが「反日」として敵視されることがあります。

　この点でよく比較対象にされるのは、明治以降の日本がお手本にしてきたドイツです。ドイツでは、ナチスの主導により、障がい者やセクシュアルマイノリティ、ユダヤ人などの異民族に対する迫害・虐殺が起こりました。日本と対照的な点は、ナチスだけに責任があるのではなく、迫害・虐殺を止められず加担したドイツ国民全体に責任があると考えられているところです。もちろん社会は一枚岩ではありませんから「虐殺はなかった」「ナチスは良いこともした」という主張もあります。ドイツ社会はこれに対して議論を積み重ね、迫害・虐殺は否定できず、これを否定することは犯罪を容認することだとする姿勢を取ってきました。そしてドイツをはじめとする

ヨーロッパ諸国では、虐殺の否定や矮小化に刑事罰を適用する法律が作られていますし、また、フェイスブックが 2020 年に虐殺を否定する投稿を禁止するなど、様々な対策が取られています。

自尊と「自虐」

　一方の日本では、**アジアの植民地化**※について「インフラ整備など良いこともした」と開き直る主張が続いてきました。

　アイヌについても「開拓によってアイヌも豊かになった」などと言う人が少なくありません。これらの発言が、根源では同じ、過去に対する無反省な心理・態度から生まれていることがよくわかります。そして、過去を反省しようとする研究や主張については「自虐」や「反日」だ、との批判がなされてきました。しかし、よく考えてみれば、近代の日本はその内にある貧しい人々、女性、障がい者、同性愛者といったマイノリティを社会の周縁に追いやり、犠牲にしてきました（p124 下の図を参照）。植民地支配はその延長にあります。**そのことを反省することは、果たして「自虐」「反日」なのでしょうか。**

※**アジアの植民地化**　明治時代初頭から太平洋戦争の時期にかけて、日本は植民地政策を推し進めました。その過程でアイヌ、奄美、琉球、台湾、朝鮮やアジア・太平洋諸地域の人々を支配下に置き、日本語の習得を義務づけ、住民の名前や地名を日本の指示で変えるといった政策を進めました。植民地の住民たちは兵役を課され、ウイルタなど日本国籍のなかった樺太の民族（p42を参照）も戦争に協力を強いられました。このように、日本は「同じ国の住民」として義務を課すと同時に差別・排除をする矛盾した政策を取りました。植民地の住民は敗戦後も抑留されたり故地を離れねばならなかったりなど、今日にも続く影響を受けながら、その存在は忘れ去られています。

自尊心は、人が生活する上でなくてはならないものです。同じように自分の家族や社会、国を大切に思うことも即座に悪いとは言えません。ただ、自分も家族も、時に間違いを起こします。国と言うと抽象的でわかりにくいですが、国の方針・行動を決めるのは人間です。ですからやはり、間違いを起こさないと思う方がおかしいですね。そんな危うい存在である自分や国を、まったく疑わなくなるのは危険です。それなのに「素晴らしい・スゴイ日本（人）」といった言葉を聞いたり口にしたりし続けると、自分たちの誤りをチェックする力を失ってしまわないでしょうか。

多様性と「日本スゴイ」は
両立するだろうか

　また、先に見たように日本では国民＝同じ言葉・文化・歴史を共有している、という錯覚が国レベルであります。本当は、国内のどこにでも異なる民族性、文化、歴史を持つ人々が暮らしています。そもそも日本（和民族）だって暮らしも言葉も多様で、1つではありません。研究の世界では、アジアの多様な地域の人々が何度にも分かれて日本列島に到来したということは、戦前から認められていました。

　しかし「純粋な日本人」像を求める強い願望に押され、徐々に研究者の説も変わっていきました（p105以降も参照）。やがて、複数のルーツからなる人々が混ざり合って1つの「均質な集団」になり、それ以来、日本人は純粋さを保っているので、アジアの他の民族にくらべて優秀なのだと説明されました。変ですよね。言って

みれば、青と黄色が混ざって緑になった後に、青と黄色の存在を無視して「我々は純粋な緑」だから「独自で特殊」と言っているようなものです。なんか謎のプライドです。

　ところが、日本は「単一民族国家」であるとか「一民族一国家」という政治家による発言が、21世紀になっても続いています。そうした発言と、愛国心の育成や、クールジャパンなどの「日本スゴイ」的主張は、同じ人々によってなされています。

　こうした状況で社会を挙げて「日本スゴイ」が連呼されることは、アイヌや奄美・琉球、在日コリアンなど非和民族にしてみれば、自分たちの存在無視と直結していて、とても安心できるものではありません。また、そうでなくともマジョリティが自分たちだけをほめちぎっているのですから、日常的にマウントを取られているようなものです。相手をディスらなくても、相手の尊厳を削ることはできるのです。そこまで行かなくとも、立場の違いを無視して「日本スゴイ」コールに巻き込んでいけば、それに同調しなくてはならないというプレッシャーをかけることになります。

　個人的な付き合いにおいて、相手の気持ちを無視して自慢ばかりすればひんしゅくを買うのは当然です。ところが、国レベルになるとそのことが見落とされやすくなるのです。

本州から北で暮らしてきた、多様な民族

ニヴフ

ウイルタ

ナーナイ

樺太アイヌ

千島アイヌ

北海道アイヌ

東北アイヌ

和民族／やまとぅんちゅ

北方では、独自の言葉や生活習慣をもつ様々な民族が暮らしてきました。上の地図は、18〜19世紀のころの様子です。樺太アイヌの文化は、北海道アイヌの文化とも、北の諸民族の文化とも連続性を持っています。どの民族もサケをよく利用しますが、北に行くほどサケ皮の加工が巧みになり、見事な着物や楽器などが作られました。どの民族も、土地の特徴や恵みを活かし、暮らしを営んできたのです。

moya moya

第 2 章

差別・ステレオタイプ

moya moya

moya moya

私はさやか
颯太の姉です

去年、結婚して
お腹に赤ちゃん
がいます

さやちゃん

うちの親が
ごはん食べに
来いって言って
るんだけど…

やだよね？

いいよ

え、
ホント!?

よかった
ありがとう！

社会の仕組みと差別の関係

差別を知り、差別に対峙する

　ここからは、具体的な差別の話をします。**差別を知ることは大切です。差別を知らないままにしておくことが、差別を生き永らえさせるからです。**残念ながら現実に差別がある以上、差別を知ることで身を守る、差別をしてしまわないように備えるという選択をせざるを得ません。「わざわざ差別について語ることが寝た子を起こす＝差別を誘発する」という批判があります。これは、「今は差別はないのに」と言っているわけで、差別にあまり影響を受けず、知らぬふりでやり過ごしていられる人の感想です。**差別を受ける人は、差別の存在を実感していますし、いつ自分や大切な人に差別が起こるかを考えずにはいられないのです。**

　私たちは、家庭や学校で「差別をしてはならない」ことは学びますが、何が差別に当たるのかは、あまりきちんと教わりません。そのことが、差別への自制心・対抗力の弱さとなっているように思えます。文化心理学者の出口真紀子さんは、差別を次の3つの形態に分類しています。

差別の3つの形態

ⓐ 直接的差別　　ⓑ 制度的差別　　ⓒ 文化的差別

❹は相手を直接的に侮蔑したり、排除したりする行為です。直接的に行われるので、する側にも受ける側にも差別が起こったこと、それが「悪いこと」だと理解しやすい差別です。これについてはp58〜65で詳しく見ることにします。❺と❻は「ふつうの感覚」や常識の一部になっており、教えられることも、意識することもあまりないものです。

制度的差別

出口さんの説明によれば、❺の「制度的差別」は、法律、教育、政治、メディア、医療制度、企業といった社会の制度の中に埋め込まれているものです。制度そのものが、マジョリティに傾いているために、人々がその中で中立的に振る舞っても、結果としてマイノリティ集団が不利になります。

よく知られる例は、人種隔離政策などです。学校や交通機関やトイレまでが人種によって分けられ、劣位に置かれた人種が優位な人種用の設備を使うことは許されませんでした。

北海道（アイヌ語でヤウンモシリ）では、アイヌの子どもと和民族の子どもは学校が別だった時代があり（別学制）、今でもその学校に通った経験のあるお年寄りがいます。行政が初めからアイヌ児童向けの学校を別に作った場合もあれば、十勝地方の帯広市のように、和民族住民から「アイヌ児童との共学には弊害がある」という訴えが出されてアイヌ児童向け学校が設置された場合もあります。

別学制には、地域の中に「アイヌには入れない場所がある」というメッセージを直接的に感じさせること、習得できる内容に格差が

49

あること、そもそもそれらがアイヌにとっての異言語で教えられ、自言語・自文化を手放さなければ通うことができないことなど多くの問題があります。

　余市町出身で歌人として知られる**違星北斗さん**※<ruby>違星北斗<rt>いぼしほくと</rt></ruby>さん※は、和民族の児童が通う学校に進みました。アイヌ向けのカリキュラムは年限が短く内容も実習中心で、このことが進路を狭めてしまいます。そこで、アイヌ向けのカリキュラムを和民族と同じ内容にする請願運動が起こりましたし、違星さんの親のように、和民族の学校へ行かせたいと考えた人もいました。登別市出身の<ruby>知里幸恵<rt>ちりゆきえ</rt></ruby>さん※も、高等小学校に進んだことで和民族児童から嫌がらせを受けたといいます。これらは、制度的差別を個人的に乗り越えようとした事例ですが、待ち受けていた和民族児童たちは、アイヌ児童の心を壊してしまうほど激しい差別（直接的差別）をしました。**現代でもアイヌと和民族には歴然とした経済的格差があるという統計（北海道庁による）があ**りますが、それは**制度的・文化的差別によって引き起こされたものですし、直接的差別によって進学を断念することもあります。**

　明治の初めに、和民族が設定した**土地制度**※では、函館周辺の和民族が住んできた土地には私有が認められましたが、アイヌの利用してきた土地は私有が認められず、官有地とされました。その土地は行政の判断で再分配されたため、これはいわば強制的な土地収用でした。また、その土地を再分配する制度は、建前上は全ての国民

※**違星北斗さん**　　違星北斗（1901-1929）は現在の余市町出身の歌人・社会運動家。
※**知里幸恵さん**　　知里幸恵（1903-1922)はアイヌ民族として初めてアイヌの物語をローマ字で表記し、日本語の訳を付けた『アイヌ神謡集』の著者です。
※**土地制度**　　1872年の「北海道地所規則」、「北海道土地売貸規則」によりアイヌの居住地に区画を設定。1877年の「北海道地券発行条例」で、アイヌの生活地を官有地に編入しました。

に開かれていましたが、申請をアイヌ語で受け付ける準備はされていませんでしたから、もともと日本語を話していた人を優遇する制度でした。

北海道旧土人保護法とは
どんなものだったか

　このようにして和民族優位の土地制度が作られてから 30 年近くがたったころ、1899 年に「北海道旧土人保護法」が制定されました。この法律でアイヌの農耕民化・和風化を推進するため、アイヌには農地が用意されました。しかし、すでに良い土地は和民族の手にわたっていました。和民族には 1 人あたり 10 万坪が与えられ、自ら開墾すれば 150 万坪を取得することができたのに対し、アイヌの土地は 1 戸（1 人ではなく！）あたり 1 万 5 千坪と、その面積には大きな開きがあり、実際にはさらに狭い土地しかないこともありました。

\ **和民族に与えられた土地は 1 人あたり10万坪** /

アイヌに用意された土地は1戸あたり1万5千坪

　また、土地の売却は認められず（同法第 2 条）、15 年を経て開墾ができなければ没収される仕組みでした（第 3 条）。これに対し、

和民族は取得した土地の森林を木材として売り払い、土地を転売する例がありました。

　明治初期には明治政府が資源保護を理由としてシカの捕獲を制限します。明治政府が本州の和民族を移住させた政策により、シカに対してハンターが増え過ぎたことが一因です。また、狩猟法として毒矢を禁じ、銃を使うことを義務付けました。毒矢の禁止を提言したのは「開拓顧問」としてアメリカから北海道に来ていたホーレス・ケプロンで、毒矢の文化を「barbarous practice（野蛮・未開の習慣）」としました。また開拓使という役所の中でも「汚習」つまり、汚らわしい習慣なのでやめさせるべきだ、という意見が交わされていた記録があります。身勝手な評価は、暴力の容認につながります。毒矢猟を行ってきたのは主にアイヌであり、銃の使用許可を得るにも言葉のハードルがあるなど、実質的にアイヌが打撃を受ける制度でした。文化的差別が制度的差別につながったケースと言えるでしょう。1873（明治6）年に札幌周辺の河川でのサケ漁が禁じられたことと合わせ、今日に続く貧困の要因の1つとなりました。

言葉が奪われ切っている
－言語権の否定－

　土地や生業に関わる制度を日本語でしか利用できないことは、**制度によってアイヌの言語権が否定されているということでもあります**。言語権とは、その人が本来身に付ける言語の習得を妨げられないことです。言語は人とのコミュニケーションに用いるものですから、周囲にその言語を使う人がいなくなるような制度を作ってしま

えば、事実上その言語を使い続けることが妨げられます。これは、今日も残っている制度的差別の1つです。

　明治以前の北海道は、大半がアイヌ語の世界でした。明治以降に和民族が日本語を持ち込み、役所の手続き、裁判、医療の利用、教育などあらゆる生活が日本語でなければ行えない仕組みを作りました。これはすなわち、**アイヌ語で生活する権利を奪ったということです**※。今でも和民族の児童は、自言語を学校で教わることができますが、**アイヌをはじめとする日本国籍で、なおかつ他の民族である児童には、そうした権利が保障されません**※。

　アイヌ語が話されていた地域に日本語話者を移住させ、アイヌだけが異言語を学ぶよう義務付けられることは、1871（明治4）年における行政の布達に始まりました。これ以降、日本語の姓名を名

※**アイヌ語で生活する権利を奪ったということです**　明治時代以前には役所も学校も病院も無かったのではないか、という疑問を持つかも知れません。それらの機能はアイヌ社会の中で別な形で担保されていましたが、和民族の法制度はそれらの維持を認めていません。土地・仕事など生活の基礎に関わることは和民族の役所の手続きを経る必要がありますし、学校教育を受けることも、その運営にあてられる税金の納付も義務です。医療行為も法によって規定されています。そのような形で、和民族が持ちこんだ制度にアイヌの生活を巻き込みつつ、アイヌ語を使い続ける環境を用意しないこと、アイヌに対する差別を規制しないことが、アイヌ語を圧迫し続けています。

※**アイヌをはじめとする日本国籍で、なおかつ他の民族である児童には、そうした権利が保障されません**　日本語の中の、東京以外の地域語（いわゆる“方言”）にもこれと似た状況があります。東京の言葉が公式で洗練されたものとされ、それ以外の地域語は粗野で恥ずかしいものとされてきたため、地域語を使うことに心理的な抵抗がある人が少なくありません。ただ、日本語内の差異に比べ、互いに異なる言語であるアイヌ語・日本語の差異はずっと大きいので、言語の抱える危機度はアイヌ語の方が重篤です。例えば、日本語の地域語の場合、高齢者やもう少し若い人でも地元の人同士であれば自然に地域語で話すことがありますが、アイヌ語ではそれは起こりません。日本語しか話せなくなっているので、日本語の会話に混ぜて、せいぜい単語が一つ出るかというところです。「東京ひとり勝ち」よりも「日本語ひとり勝ち」による被害の方が大きいので、「みんな苦労してるし、我慢しているんだ」といった相対化は話を混ぜ返すだけです。

乗ることが求められ、アイヌ語の名前は異質視されていきました。それ以来、いまだにその状況が当然のこととして継続しています。

　そもそも、学校に和民族以外の子どもがいるということも、多くの場合「スルー」されていて、教員たちは非和民族の子どもに接する方法を考えません。マイノリティの子どもは、家庭でも自分について知るチャンスが限られています。それは、親など上の世代の人々も、自分について知る機会を得られなかったからです。属性によって、自分の言語を習得するチャンスが得られない、つまり言葉を巡る様々な慣習・制度が日本語話者に有利な形に大きく傾いているのですが、これはあまりに日常的で当たり前のこととなってしまい、取り立てて問題視すればかえって奇異の目で見られるでしょう。

　自分たちの言葉を話したいという気持ちや、自分たちには自分たちの言葉がある、と知る機会まで、奪われ切っているのです。

文化的差別

　「文化的差別」は、はっきりと言葉になってはいないものの、人々の間に広く共有されているルール、考え方などによって起こります。男女の分業を例にすると、外に出て働くのは男性、家庭で育児や家事をするのは女性という考え方は一種の文化・習慣であり、制度ではありませんが、少し前まで当たり前とされていました。制度上は男性も育児休暇を取ることができますが、実際に取得する男性が珍しいのは、育児休暇を取る男性や、パートナーに育児休暇を「取らせる」女性に向けられたプレッシャーのためだと考えられます。出勤をする際にパンプスを履いたり化粧をしたりするのが「マナー」

だという考えも、女性への文化的差別です。

　子どもの名を例に、文化的差別が、アイヌの言葉・文化の維持を阻む様子を見てみましょう。近年は、子どもにアイヌ語の名前を付ける人もいますが、21世紀になるまではかなり稀なことでした。

　日本語名は義務化されたものでもあり、同時にアイヌ語名などは差別の対象になりました。私の親しいある人の名前は、日本語ですがたまたまアイヌ語の単語と同じ音でした。ご両親には、アイヌ語とかけるような意図はまったくなかったようですが、親戚内で怒られてしまったそうです。「この子がアイヌと見られて苦労したらどうする」という心配があったのかもしれません。

　なお、外国人が日本国籍を取得する際にも、日本語風の名前に改めるよう求められました。80年代からはそのような強制は減ったと言われますが、ソフトバンクの孫正義さんが90年代の初めに国籍を取得した時には「孫」姓が日本にはないことを理由に、改名を求められ、姓を維持するために交渉を重ねたそうです。現在の日本が、アイヌや奄美・琉球に加え、戦前に他の民族を国民として統合してきた歴史を考えれば、統合された側の子孫が継承する名を認めず、日本の民族名を強要するとは、傲慢ではないでしょうか。

　文化的差別は、就労の機会や収入を奪うことにもなります。ある方は、高校の進路相談で、教員から「アイヌだから金融関係はあきらめてくれ」と言われたそうです。また、別の方は「アイヌには進学させない」と言われ、大学進学をしなかったそうです。これらは、アイヌの能力や人格を一律に低く見るという点で直接的差別にも近いものですが、おそらく**和民族教員にとって、アイヌが「信頼の必要な職」**には就かないとか、高等教育の場にいないことは、「常識」と感じられていたのではないかと思います。

体毛と私のアイデンティティの話

私は美咲
颯太の次姉
大学生です

見て見て

脱毛5回コース
終わったよ

わー
やっぱいい？

ツルツルだね！

美咲は～…

脱毛
しないの？

えっ

体毛、ルッキズム、そして差別

今と重なる先輩の経験

　差別と聞いて思い浮かぶのは p48 〜 49 でも触れた直接的差別です。直接的差別は具体的な人間関係の中で発生し、進学や就職、結婚など人生の様々なステージで起こります。アイヌ差別に関する証言は、幕末から明治、大正と時代が新しくなるほど増えてきました。それは多くの人が記録や発信の手段を得るようになったからでしょう。各世代の体験を聞いたり、手記やインタビューを見たりすると、差別の内容は前世紀から今につながっていることがわかります。

　1930 年代の青年たちは社会の中で「低能無知」と呼ばれ「動物園の動物でも見るよう」な目を向けられる苦しさを書いています[※]。ある人を個人的に「頭がよくない」「要領が悪い」というのとは違い、アイヌであれば「無能なはずだ」と初めから決めつけられるのですから、まともではいられません。このころには禁酒運動に触れた文や歌も多くあります。ストレスなどによる過度の飲酒は和民族にも起こる問題ですが「アイヌ特有の問題」であるかのように言われ、「だらしがないから向上しない」等と人格否定のネタになります。**また、アイヌへの侮蔑は、外見によって特定されることからはじまることが多かったようです。**外見によって異物視される気持ちは、違星北斗さんや**森竹竹市さん**[※]らの歌によく表れています。

[※]1930年代の青年たちは、社会の中で「低能無知」と呼ばれ「動物園の動物でも見るよう」な目を向けられる苦しさを書いています。　1930-1931年に刊行されたアイヌ協会の機関誌『蝦夷の光』(『近代民衆の記録5－アイヌ』新人物往来社）より。

森竹さんの1934年の歌にこんな1首があります。

髭剃った 日はこちらから ジロゝと 凝視る顔を 強く見かへす
歌集『原始林』の中の「髭剃った日」と題した5首の1 (谷川編1972) より

「多毛だ」とか「顔立ちがちがう」というのは、アイヌに付けられたレッテルの1つで、それを理由に「けだもの」と言われるなど「野蛮」「野生」視の理由ともなってきました。すれ違うときに、アイヌかどうかを確かめるような、無遠慮な視線にさらされるくらしが浮かぶ歌です。「どうだ、何を見ている」という反発と、和民族に植え付けられた劣等感の間での苦悩がにじみます。

学校では、アイヌの教員も児童も、和民族教員・保護者・児童といった地域の和民族による囲いの中にいます。1948年、旭川市の教員、**荒井和子さん**[※]が、新任当時、初めて教室に入るや和民族の児童が荒井さんを指さし「アイヌ出て行け。何しに来た。アイヌには何も教えてもらいたくない」と言いました。児童の両親がアイヌの採用に反対していたので、自分も嫌だというわけです。その教室のアイヌ児童も、和民族の児童から日常的に暴言を受けていました。荒井さんはこの児童に、自分は名前を持った個人であり、人を属性で呼ぶことは人格を無視した侮辱にあたること、アイヌという言葉を蔑みに使うことの不当さを伝えました。荒井さんの手記にある「汚い、くさい。近よるな アイヌ、毛深い 熊だ」という言葉は今で

※**森竹竹市さん** 森竹竹市（1902-1976）は白老町出身。北海道アイヌ協会の常任理事も務めました。
※**荒井和子さん** 旭川市で教員として長年勤務されました。著書に、自叙伝の『先生はアイヌでしょ 私の心の師』（北海道出版企画センター）などがあります。

も聞かれるものです。同僚たちも荒井さんを「アイヌさん」と呼び、抗議をしても、その意図は通じないことが多かったようです。

　80年代の札幌市の高校では、社会科の教師が「誤ってアイヌと結婚しないよう」にと、授業でアイヌの「見分け方」を解説したことが問題になりました。90年代中ごろに高校に通っていた私の知人は、教員が「アイヌ的」と見られている生徒を「お前アイヌじゃないか、大丈夫か」等とからかう中で過ごしました。

　就職では選択肢が少ないうえ、アイヌとわかると採用を断られることがあります。就職後も同僚による侮辱や陰口、背中をまさぐって体毛を笑うなどのハラスメントを受けることがあり、重要なポストに付くことに反対が起こるなど昇進が妨げられることがあります。

　観光地でも差別が頻発します。90年代の観光地では「アイヌが白米を食べてる、電気もついてる」と驚く者や、「アイヌはどこだ」と勝手に家に入り「なんだテレビも冷蔵庫もあるじゃないか」と言って立ち去る者がいました。

　結婚についても複雑な思いをする人が多くいます。アイヌであることを理由に反対されて諦めることもあれば、結婚相手が、アイヌと結婚することを親族に隠したことで後から「だまされた」と責められることもあります。結婚の相談のとき、身内が「うちはアイヌで」と申し訳なさそうに伝えるのを聞いて傷つくこともあります。結果的に拒否されなくとも、アイヌであることは世間的には不利な条件なのだ、身内もそう感じてきたのだと実感してショックを受けるのです。結婚後に、ことあるごとに親族からの拒絶を感じることもあります。妊娠のたびに相手方親族から「血を汚すな」と、中絶を強要された女性もいました。また、孫がアイヌ語などに関心を持つことを、和民族の祖父母が喜ばないという話もあります。

学校でも職場でも親族の間でも、個人的な 1 対 1 の関係は比較的良好だったという声もあります。**しかしそれが集団の中になると、アイヌは排除するか下に位置づけられなければならないという論理が働き、親しかった人とも距離ができます。**

「見た目で嫌う権利」?

外見による差別は、アイヌに限った経験ではありません。2023年、アフリカにルーツを持つ高校生が、卒業式にコーンロウという髪型で出席したところ、2 階席に隔離されたというニュースがありました。**アメリカでは、アフリカ系の人々の髪質に適したヘアスタイルを社則などで禁じることを会社による差別と見なす州もあります**[※]が、これとは大きな違いです。

海外でも国内でも、女性のモデルや俳優が、自然な体毛や、太かったりつながったりしている眉を、自分の個性として発信することがあります。すると、その人々を傷つける言葉がインターネット上に書き込まれます。従業員が髭を伸ばしていることを理由に、雇用主が不利に扱い、訴訟となったケースも数件あります。

髪、体毛、髭に注文を付けられることは、私もひととおり経験しています。顔は特に目立つので、小学校に入ってから高校を出るまで、顔や眉には否定的なコメントが付きました。大学に入ってから

※**アメリカでは、アフリカ系の人々の髪質に適したヘアスタイルを社則などで禁じることを会社による差別と見なす州もあります**　クラウン法（自然な毛髪を尊重し、開かれた世界を作る法）といって、カリフォルニア州で2019年に成立し、ニューヨーク州でも同等の法律が成立。ニュージャージー州、ミネソタ州でも検討されています。

髭を伸ばしているのですが、これを維持するにも「外見批判」と向き合う必要があります。アルバイト先で「不潔感があると思われる」と注意され、大学での勤務では地位の高い教員から「見苦しいから剃れ」と強い口調で言われたこともあります。学生からのメールに「髭が醜いから剃ってほしい」と書いてあったこともあります。これとは逆に「アイヌだからって無理に伸ばさなくていいんだぞ」と、先輩から言われることも地味に困ります。

　外見や身なりは規則で規制されていないことも多いのですが、どのケースでも**「外見批判」や排除をする人々は、まったく悪びれず大手を振って人に難癖を付けます。**まっすぐ堂々と「お前の外見嫌い」と表明し、口を出すことが、あたかも「正当な権利の行使」かのようです。どこか被害者感情さえ漂っています。

　嫌われ攻撃される体験に共通するのは「標準的な日本人」像から外れていると見なされた点です。「黒髪、直毛で体毛は全体にうすい」という日本人像から外れると、良俗に反しているとか不潔だと見なして、学校や会社から締め出したり、「不快だ！」と言ったりしても良いことになっているようです。人は、自分に正義があると感じると、差別や暴力の歯止めが利かなくなります。外見批判をする人々も、強い「常識」の感覚を持っていて、それに合うように外見を整えるのがマナーだと考えているようです。ですから、**常識を知らない／守ろうとしない者は不届きだとして、強い態度で締め出し、攻撃をする**[※]のでしょう。

　6
2

[※]**常識を知らない／守ろうとしない者は不届きだとして、強い態度で締め出し、攻撃をする**
　注目したいのは、他人の外見を攻撃する人は、自分自身も「標準」「常識」に囚われ、必死の努力をしていることがある点です。それは大変だと思いますが、同じ常識を私には押し付けないでね。

「日本には人種差別がない」?

　常識の牙城である「のぞましい日本人像」は、たまたまそういう体質に生まれた人を標準としただけのものです。そこから外れる人々を無視して「人間はだいたいこういう外見をしている」し、多少の努力をして標準の外見を維持するべきだと考えているのです。自分で選んだり変えたりすることができない、髪や体毛、顔立ち、肌の色などを「変えろ」と迫ることは立派（？）な人権侵害です。

　2020 年 5 月 25 日に起きた警察官によるジョージ・フロイドさん殺害により、欧米ではブラックライブズマター運動がふたたび活発になりました。すると、6 月には大手の化粧品メーカーが、商品説明から美白、白い、という文言を削除し、大手通販会社も美白をうたった商品を扱うことをやめました。それまではヨーロッパ系の肌の色が美しいという「常識」を打ち出し、その肌に近づくよう求めていました。人によっては、生まれ持った肌を否定された上で「これを塗ったらイイよ」と言われるようなものですね。超失礼です。日本では 2023 年 11 月現在でも「美白」推しが全盛のままです。

　日本には人種差別がない、といいますが、肌の色や容貌が目立つアイヌは、ヒスパニック系や東南アジア系、アフリカ系と間違われ、見下されたり、見知らぬ人から「国に帰れ！」とどなられたりすることがあります。外見や、国籍をもとに人を「まっとうではない」とか「軽んじて良い」「ここにいるのは不自然」と見ているわけで、これも立派（？）な人種差別です。体毛についても、日本では「頭の毛はあった方が良い、それより下の毛はまつ毛・眉毛以外はなければないほど良い」という暗黙の了解があり、強いプレッシャーが

かかっています。これが世界共通の感覚みたいなノリですが、世界には、毛髪も体毛も全く気にしない文化、眉毛はつながっている方が美しいと感じる文化など、実に多様な美意識があります。

　歴史をたどると、**明治の末ごろ「体毛は良くない、特に女性のはダメ」と言い出したのは医療関係者でした**[※]。その理由は医学的な話でもなんでもなく「みっともないからさ。猿みたいだし」というものです。脱毛商品に権威とか必要性を感じさせるために医学者を引っぱり出したのでしょうが、なぜ女性の体毛だけが問題なのでしょう。男性はそもそも猿みたいなもんだ、ということでしょうか。同じ時期に、美白の感覚も欧米から取り入れられました。1935年の脱毛広告は「アイヌのようでは人前へ出ても体裁が悪い」と書いています。体毛が多いと良くないことの理由が「アイヌみたいだから」とあるように、アイヌは体毛を異常さのシンボルとされて「一緒にされたらとんでもない」ものとされてきたのです。

差別のその後 ── 世代を超える傷

　外見に手をかけることへの向き合い方は、人によってかなり幅があります。前向きな意味を感じている人もいますし、「しても良いけど少し面倒」とか、職場のルール等である程度せざるを得ない人、あるいはもっと脅迫的に「しなければならない」と感じている人もいます。外見によって、周囲から浮いている（標準から外れている）

[※]**明治の末ごろ「体毛は良くない、特に女性のはダメ」と言い出したのは医療関係者でした**
日本での脱毛文化の広まりは、奈良女子大学の河野夏生さんが詳しく紹介しています。

と見られてしまう人にとっては、深刻な問題にもなりえます。

NHKのディレクター（2021年当時）の岩垂さんによると、**自身が学生時代に脱毛に費やしたお金は61万円、時間にして818時間**※。外見に手をかけることには時間と費用がかかりますから**自由な選択によってするものであってほしいですね**※。しかし、現代の日本には、そうした自由な選択ができない人がいます。私の周囲には「本当はこの出費はイタイ」と思いつつも体毛処理をする人、人目が気になるために熱中症のおそれがあっても長袖を着る人や、絶対に温泉や銭湯などの共同浴場に入らないという人もいます。「この人は多毛だ」ではなく「アイヌだから多毛だ」という、二重の偏見によるプレッシャーです。偏見は、被害者の心に長く影響しますし、他の人の被害を見たり聞いたりしたことで、同じことが自分にも起こるのではないかと不安を感じる人もいます。

差別は差別を受ける人の間にも分断を生み、人生の選択や次の代の人生にも影響します。私の先輩は、体毛に対する処し方をめぐって、家族の間に溝ができてしまいました。アイヌの家庭では「結婚するなら和民族を選べ」と教えるという話もよくあります。和民族と結婚すれば外見の差がちぢまり、子孫への差別を減らせるのではないかということです。そのような理由からの言葉とはいえ、身内から自己を否定されることは、過酷な体験です。上の世代も下の世代も、手放しで肯定できない感情が生まれてしまいます。

※**自身が学生時代に脱毛に費やしたお金は61万円、時間にして818時間**　『『ムダ毛』に悩んだ思春期の私へ」https://note.com/nhk_pr/n/n7306774587e9（NHK広報局）より。

※**自由な選択によってするものであってほしいですね**　刃物メーカーの貝印は、2020年に「ムダかどうかは、自分で決める。」「♯剃るに自由を」という広告を打ちました。このような多様性を推進しようとする企業の姿勢は重要です。

マーくんの勇気

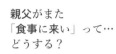

親父がまた
「食事に来い」って…
どうする？

モモちゃんも
来るかな？

今回は来ないって。
ほら、前に親父と
やりあったから

そっか

モモちゃんいないと
キッツいなァ〜

えッ

あっ
声に出し
ちゃった

ごめん…

いや…
だよね
キツいよ
ね…

「無意識」と差別の間に

差別に関する意識の変化

　2023 年 3 月、内閣府による「アイヌに対する理解度に関する世論調査」の結果が報道されました。調査の内容は内閣府のホームページでも公開されています。これによると、調査対象は 18 歳以上の日本国籍を有する全国の 3000 人で、そのうち 1602 人が回答しています。報告書には明記されていませんが、民族性は問わずに対象者を選んでいると考えられます。人口比から考えると、回答者には和民族が多いと考えるのが自然でしょう。

アイヌに対する理解度に関する世論調査 （2022 年 11 月〜12 月実施）

問1 あなたは、アイヌの人々や文化に接したことがありますか（◯は 1 つ）。

問2 あなたは、アイヌの人々に対して、現在は差別や偏見があると思いますか（◯は 1 つ）。

問3 差別や偏見があると思ったのはなぜですか（◯はいくつでも）。

問4 差別や偏見の原因・背景は何だと思いますか（◯はいくつでも）。

問5 差別や偏見を無くすために必要なことは何だと思いますか（◯はいくつでも）。

問6 差別や偏見がないと思ったのはなぜですか（◯はいくつでも）。

問7 あなたは、広く国民が、アイヌについて、関心を深めるためには、どのような方法による取組が効果的だと思いますか（◯はいくつでも）。

　このうち、　**問2**　においてアイヌに対する差別が、「あると思う」

と答えた人が21％、「ないと思う」と答えた人が29％で、その他は「わからない、無回答」が50％でした。6年前に行われた同様の調査では、「ある」が18％、「ない」が51％でした。

	2016年	2022年
差別はある	18%	21%
差別はない	51%	29%
わからない、無回答	31%	50%

　差別が「ない」という意見は6年前から22％下がりました。これに対し「ある」とする意見は6年前より3％の上昇です。ということは、「わからない」または「無回答」の人が増大したということです。これは、「ない」と回答するのをためらう、慎重に考える人が増えたということなのかもしれません。背景として、この間に、国が設置した民族共生象徴空間「ウポポイ」の開業をはじめ、権利回復の訴訟や公人・タレントの差別的発言など様々な問題が社会に大きく報道されたこと、それに対して多くの方々が行動を起こしたことで、実際に社会が変わってきたということが考えられます。

問題には名前が要る

　よく言われるように、DVやセクハラ、虐待などは、その言葉が広まる以前は「痴話げんか」「ジョークやスキンシップ」「しつけ」として軽視されていました。そのようにとらえている限り、問題の発生数としては「ゼロ」です。**その事態を的確にとらえる、体験を**

言い表す名前が付いて、初めて被害として理解することができるようになるのです。

　そうした言葉ができてから、それが社会に伝わって、誰でも知っている状態になるまでには10年単位で時間がかかります。被害の渦中にいる時には、被害が自覚できないことが多いものですし、情報や落ち着いて考える余裕、相談相手も必要です。ですから、DVや虐待などについて知らせるポスター類には「あなたが受けていることは我慢しなくて良いことかもしれない」と呼びかける啓発的メッセージが必ず入っています。

　起きている被害は同じでも、それを問題として認識できるかによって、調査結果は大きく変わってきます。セクハラが未だに「ジョーク」だとされるように、これまで、**マジョリティの感覚では「ジョーク」であった侮辱的な言動も、受け手の被害が理解されれば差別として記憶に残りやすくなります**。今回の調査では、過去数年の間に行われた市民や報道による地道な告発と発信が、啓発の効果を持った面もあるのではないかと思います。今後は、これを行政が主体となってにない、アイヌ施策の中で本格的な啓発が行われるべきです。

「ここに差別はない」は二枚舌でしょ

　p71の**ⓐ**〜**ⓒ**は、ある和民族男性の言葉です。経歴は伏せますが、「アイヌのために働いてきた」という思いもある方です。本人的にはアイヌに肩入れしている人の心にも差別の種はあるということと、差別を巡るねじれた認識がわかりやすく表れています。

アイヌの児童は顔でわかる。小さいときはカワイイ顔をしているんだけど、**成長すると**だんだん**アイヌ性が出てくる。**

アイヌといったって**純粋じゃ**ない。

今は差別はない。

　この文を見て差別性がピンとこない方は、ⓐ・ⓑの「アイヌ」を「日本人（和民族）」に置きかえてみてください。ⓐは、アイヌと和民族は「違う」という主張、ⓑ・ⓒは「違わない」という主張ですね。

　まず、ⓐに対する率直な感想は「アイヌの顔でなんかわりィのか」です。こういう発言をする人は、まさか反論されるとは思っていなかったりするので「悪いとは言っていない」というしょうもない釈明をしがちです。しかし、前段で逆説を使っているので、後段はどうしても良い意味にはなりようがありません。アイヌの容姿は好もしいとは言えない、というルッキズムです。そうするとⓐは明確な差別発言ですから、ⓒと矛盾しています。

　ⓒは、差別に対する批判に応じて発せられたもので「今は同じ待遇なんだから、差別差別とめくじら立てなくても良いだろ」という含みがあります。ⓐとの矛盾にめまいがしますが、少なくともここには「差別は悪である」という前提があります。

　ⓒは、差別の不当さを前提としつつ、加害をないことにすることで批判を封じます。

　ⓑも、考えようによっては「今はみんな同じ」で平等だという前向きな言葉にも見えます。しかし、実際には、差別への抗議・批判を封じるための言葉です。

❺の意味は2通りあります。1つは「"純粋なアイヌ"はいないのだから差別など起こるはずがない」というもの。もう1つは「血統が純粋ではない＝アイヌとは言えない者は、無関係だ・批判する資格がない」として、抗議する人の足元をすくうものです。これは「アイヌ語の復興をするといったって、アイヌがもういないだろ」等々と、文化の回復や権利回復を求める声に対する反論にもよく使われる論理です。対等なポジションからの発言・要求を認めない、身内でも他者でもないあいまいな位置に押し込めようとするもので、こうして言葉にしてみるととてもグロテスクな主張ですね。

　ちなみに❸〜❻の発言をした男性は、自分のことは「純粋な日本人」だと言います。どうやって確かめたんでしょう（p102〜p109参照）。

　❸のような発言は、相手（この場合は地域の子ども）がアイヌかどうか「わかる」などと主観的に判断しているのであって、その家がアイヌかどうかを確認してなされるわけではありません。ところが、差別の話題になると、やおら厳密な「定義」を持ち出して「純粋でなければアイヌとは言えない」と口をふさごうとするのです。

　このような「お前と俺は違う（排除）」と「お前も俺も同じだ（統合）」の使い分けは、植民地に共通して起こります。札幌市で行われたあるシンポジウムでは、高齢の和民族と思しき男性が、登壇者のアイヌ女性に向かって「自分の学校にはアイヌがいたが、差別などされていなかった。むしろ運動が得意で、ケンカになったらかなわないから、差別などするはずがない。ただ、アイヌは頭が悪く成績が低いのと、体が臭いということはある」という主旨の発言をしました。気の利いたことを言ったつもりなのか、ドヤ顔で。その場には、登壇者の他、70代から0歳児まで何人ものアイヌがいました。

その人々の前で「アイヌは総じてバカで臭い」と言ってのけながら、差別はないと言うわけです。

　当たり前ですが、アイヌにしても和民族にしても成績や体質は人それぞれです。しかし、人は自分に不都合なことは忘れ、他人に押し付けがちです。たまたま、ネガティブに感じる特徴を持つ人を見つけては「アイヌはこうだ」と決めつけをしてしまいます。おそらくこの男性は、自分の決めつけを「事実」だと考えているため、それを指摘することは差別には当たらないと考えているのでしょう。

「差別」のイメージ

　p68 の 2022 年に行われた世論調査で、差別や偏見が「ないと思う」を選択した人が挙げた理由は以下の通りです。

アイヌの人々への差別や偏見が「ないと思う」理由	
アイヌの人々が差別を受けている場面を見たり、差別を受けている話を聞いたりしたことがないから。	➡ **67.4**%
今のアイヌの人々は、アイヌ以外の人々と同様に現代的な生活をしているから。	➡ **51.1**%
アイヌの人々もアイヌ以外の人々と同様に人権を保障されているから。	➡ **41.5**%
アイヌの人々に対する理解を深める取組の効果が出ているから。	➡ **15.4**%

最も多いのは差別を「見聞きしたことがない」です。これについては、1章で見たようにマイノリティが見えにくいということとあわせて考えてみる必要を感じます。差別やハラスメントを表立ってする人は少ないでしょうし、差別性が分かりにくいものの場合は、同じ学校や職場にいても当人以外は気付かないことがあります。そして、差別される人々がその場にいないと感じていれば、差別も起きないと思ってしまいます（実際には、その場にいない人を差別することは起こります。p84 ～ 85 参照）。

　すると、どこかで差別や偏見の話題を聞いても「自分の身近に起こっているかも」とは考えない人も多いでしょうし、それだけ差別に対する感度も下がるでしょう。では、差別があったとして、被害にあった当人から周囲に相談できるかというと、その場合はまずカミングアウトをする必要がありますから、それもしにくいでしょう。

　これに加え、**人々の心には自分の住む社会を信じようとし、問題を受け入れにくくするバイアスがかかっているといいます**[※]。こうした傾向は被害者も持っていると言われます。これらの理由から、差別や偏見が周囲にあったとしても、それを実感する可能性は低いと考えられます。貧困や容姿など、差別の要因が複数あり、何に対する差別かが分かりにくいことも関係しています。また、本来違う言葉・文化を持つアイヌが「同じ生活」をしているのは権利を侵害されているためです。ですから「差別がないと思う」理由の2点目と3点目は矛盾しています。

※**人々の心には自分の住む社会を信じようとし、問題を受け入れにくくするバイアスがかかっているといいます**　公正世界信念のこと。詳しくはp15を参照。

差別の引きがねになるもの

　先の男性のように、自分の決めつけを事実だと考えているような、いわば差別が「常識」になってしまっている場合も、それを差別と認識できないでしょう。

　もう 1 つ、日本語の「差別」という言葉が持っているイメージの影響も大きそうです。社会学者の金明秀さんの『レイシャルハラスメント Q & A』という本では、差別を「排除・過剰包摂」「見下し・聖化」「他者化・同化強要」の 6 つに分けています。p46 や p67 の義父のセリフは、ほめているようでいて溝を作り、相手の居心地を悪くするものです。これが聖化です。

　日本社会で差別と受け止められやすいのは、見下しと排除だと言われます。特に「差別があるか」と聞かれたときには、身体的な暴力や面と向かって強めに侮辱することなどが思い浮かべられるのではないでしょうか（p58 ～ 65 で見た直接的差別です）。こうした分かりやすい差別は、加害者も批判を受けるリスクがありますので、閉じた人間関係や圧倒的な力の差があるなど「反論を受けない」「人に知られない」といった条件が整ったときに起こりやすくなります。そのため表面化もしづらいというわけです。これを止めるには、差別の不当さを全ての人が知ることと、p67 のマーくんのように、勇気ある介入によって閉じた関係をこわし、差別の不当さを明るみに出すことが効果的です（これについては 4 章で触れます）。

マーくん、本音を話す

今日は
ありがとう

オレ…恥ずかしいん
だけど実は

親父と同じように
思ってた部分が
あるんだ

アイヌや
女性に
対して

さやちゃんとモモの
話を聞いてやっと
分かってきたくらいの

そのレベル
なんだよ

そうなんだね

だからオレが
親父に苦言を呈して
いいのだろうかって
迷いがあった

でもやっぱり
さやちゃんがイヤな
気持ちだったんだって

知ることができたから
言えた…
だけって感じで

それで
十分だよ

そうなの？

お義父さんは
「自分が属する
属性が他より
優れている」

ってことを
たえまなく
言っていないと
不安なのかも

それがお義父さんの
「家族を守る」
だとしたら

今日のマーくんの
発言も私たちを
守ってくれたわ

さやちゃん…

差別の構造

ステレオタイプ

　金明秀さんは、差別を「ある属性を持つことに起因する不当な扱いがおこる社会構造」と定義しています。なぜ不当な扱いが起こるのか、ここでは 2 つの現象から考えてみます。

❶ 身内へのひいき

人間は集団を作って生活し、自分の集団（家族・知人）には愛着を持って守ろうとします。集団をおびやかす外や内の敵を警戒し、生活に必要な機会や資源が限られていれば、それを身内が得られるようにしたいと考えます。これは別な集団から見れば機会・資源を「奪われる」ことになります。そして集団同士は限られた機会・資源をめぐってライバル関係になり、知らず知らずに相手に対して好ましくない感情を抱くことになります。

❷ ステレオタイプ

人間は身の回りの出来事への対応を早めるため、物事を単純化してとらえます。身内の集団のことはよくわかっていても、他の集団については情報も少ないので「あの連中」という大ざっぱなカテゴリーとイメージでとらえがちになります。これをステレオタイプと呼びます。

　こうして、他の集団には良くないステレオタイプを抱きやすくなります。そこで「自分の過ごす範囲は知り合いで固めたい、気心の知れたメンバーでやっていきたい」という感情が生まれます。「仲間がいると安心」や「仲間を守りたい」という感情は一見ポジティ

ブですが、実は自分の都合でもあり「よそ者にいてほしくない」とか「よそ者から奪おう」という心理ともつながっています。

人種化と支配の正当化

　差別が深刻化するのは、他者への「不当な扱い」、例えば奪うこと・支配することを正当化しようとするときです。その1つの表れ方が人種主義（レイシズム）です。

　自分の都合で相手の権利を侵害するのは気が引けます。そこで、相手と自分の違いを決定的なものと考え、さらに相手は「劣っている」ので「対等に扱わなくても良い」と考えるのです。かつてアメリカでは、アフリカから連れてこられた人々が奴隷として使役されていました。多くの奴隷を所有していた第3代大統領トーマス・ジェファーソンは、アフリカ系の人々が生まれつき「劣っている」ことを証明するよう、科学者に依頼しました。そして、当時のアメリカに多かったイギリス系住民以外の集団が「劣っている」という「証拠」を探す研究が試みられ、人種の間には、何世代をへても変わらない能力の差がある、という説が広まりました（今では誤っていると考えられています）。

　和民族やアイヌ民族を含むアジアの諸集団も、ヨーロッパからは非文明的な人々と見られました。和民族は「脱亜入欧」といって、なんとか劣位を脱し、ヨーロッパの側に立とうとしました。そこで、**ヨーロッパがしたように、アイヌ、奄美・琉球、朝鮮、台湾といった周囲の民族を低く見ることで、自らをそれらとは全く異なる集団だとしたのです。**

人種化で、アイヌへの
支配・強要を正当化

　例えば、アイヌには「無文字」で「農耕の前段階」までしか進化していない、「貧困」や「不衛生」、「遺伝的劣性」があるなどのネガティブなイメージを結び付けました。そして、「文明に適応できず、感染症などの影響を受けやすいので人口が減る」とか、和民族との「混血によって消滅する」ものとしました。琉球や朝鮮、中国などの人々についても同じような理由で滅亡・自滅していくものとしました。

　アイヌや沖縄、中国などは国や民族であって、人種主義の話題に登場すると違和感があるかもしれません。現代の語感では「民族」と「人種」とは違うものに思えますが、実際にはけっこう混同されています。例えば、アイヌ民族との婚姻を避ける理由として、しばしば「アイヌと結婚するとおかしな子が生まれる」などという人がいます。これは、アイヌを遺伝的に異質な者＝異人種と見ているということです。民族の間に生まれついての能力差があり、それが受け継がれるとする考え方も、人種主義的です。

　このように、**ある人々の差異・劣性を主張し、あたかも人種のように見なしてしまうことを「人種化」といい、植民地主義の正当化に使われます。**和民族の研究者や政治家は、アイヌが生存競争に負け、やがて滅びるとか、和民族による助けが必要だと言いました。後で触れる「開拓によってアイヌも発展できた」という言葉は、明治時代の人種主義をいまだに引きずっているものです。また、後に植民地とした朝鮮や台湾でも、現地人には土地の利用や産業を振興する能力が無いとして、和民族が介入することを肯定しました。

マイクロアグレッション

　知人と話していた中で、何気ない一言に引っかかりを感じることがあります。「相手は悪い人じゃないし、自分でも何に引っかかっているのかわからないまましばらく過ごしてしまった。今さら話題にしづらいし、いつまでも気にするのも良くないかもしれない」。差別がそのままにされやすい理由として、それがしばしばとてもとらえにくいことがあります。このようなハラスメントをマイクロアグレッションと呼びます（p13〜14 も参照）。

　マイクロアグレッションは、ありふれた言葉、行動、または環境によって伝えられるもので、**悪気があってもなくても、相手を軽視したりバカにしたりするような敵対的、中傷的、否定的なメッセージが送られます**。それは、会話の中に埋め込まれていたり、口調や仕草であったりして、マイクロアグレッションをした側も、大したことだと思っていないことがほとんどです。

　受けた側も意識しにくく、何か引っかかったにしても、よくよく考えないと何が腹立たしいのかわからないことも多いのです。仮に意図的であったとしても相手はとぼけることもできるし、指摘をした方が「ひがみっぽく、考えすぎるタチ」だと思われてしまうかもしれません。また、一般に「差別は人格の問題で、善人はそのようなことをしない」と思われています。そのため、差別を指摘された人は大きなショックを受け、取り乱したり被害感情を持ったりすることもあります。そのこともあって、指摘がしにくいのです。とはいえ、受けた人の心や体への被害は決して小さくありません。問題

が、長くそのままになりやすいので、被害者にとってはわかりやすい直接的差別の方が、よほど対処が楽だと感じることもあります。マイクロアグレッションは、大きくマイクロアサルト・マイクロインサルト・マイクロインバリデーションの3つに分けられます。このうちマイクロアサルトは、直接的差別に近いものなので、ここでは他の2つを紹介します。

マイクロインサルト

　マイクロインサルトとは、無礼で配慮のない物言いやステレオタイプへの当てはめなどです。発言の例としては次のような感じです。

きみ、アイヌにしては優秀だ！
（見下し）

お前が粗暴なのはアイヌの血か？
（見下し）

美術的なセンスが高いのは
アイヌだからか！
（聖化）

　3つ目の例はほめているようですが、相手の個性や努力を見ず、労せずに表現力を得たかのような物言いです。

　「開拓によってアイヌも発展することができた」とか「自然と共生するアイヌに学ぶべき」といった発言も気分を害するものですが、

先の例に比べ、どこに問題があるのか気付きにくいかもしれません。**和民族が進めた「開拓」のおかげで「発展できた」と言ってしまうと、それ以前の暮らしが粗末なものだったかのように、否定的にとらえられますし、言い換えれば独力では「発展できなかった」として**、アイヌ自身が生活を変えて自分たちなりの快適さを作り出す力を認めていないことになります。つまり「低能無知」と言っているのと同じことです。お義父さん、あなたの「気の利いたコメント」は、実は「低能無知」と言ってるだけですよー。

マイクロインバリデーション

　マイクロインバリデーションは、相手の感情、経験を排除、否定、無化することです。「北海道には歴史がない」という発言や、先に見たように「開拓」「フロンティア」という言葉を礼賛する／無批判に使うことも、アイヌの歴史・被害の否定です。「開拓」の結果としてアイヌはアイヌ語を話すことも、出自を明かすこともできなくなったのですから。

　差別の否定に近いものとして「私にはアイヌの友人がいる」というものがあります。一見問題なさそうですが、実はこれは「I have a black friend（私には黒人の友人がいる）」という言葉のアイヌ版です。アイヌや黒人と友人付き合いをしている、という個人的な事柄を強調することで、**「自分は差別をしていないんだから、もうこの話題はいいね」**と暗に伝えています。「自分はフェアだ」と言うとともに、社会に存在する直接的・制度的差別に目を向けず、それについて話すことを拒否する流れで使われることが多いのです。

差別の三者関係モデル

　友人が、共通の知り合いを悪く言いだして、戸惑ったことはありませんか。自分としては、その人のことをそこまで悪くは思っていなかったのに、口をはさむタイミングもなくやり過ごしてしまった。でも、それからずっと後味が悪い……。

　社会学者の佐藤裕さんは、差別が起こる状況を、差別者（加害者）と被差別者（被害者）に、共犯者（同調・黙認する者）を加えた三者の関係によって説明しています。

　差別的なジョークなどの言動は、１対１の関係ではその人が持つ「否定的な気持ち」を述べたものであり、不適切ではあっても、相手がただちに孤立するとは限りません。しかし、差別的な発言は「女性は、アイヌは、外国人は」などのカテゴリーを引き合いに出し、その人々を「私たち」の一員と認めない表現になっています。例えば「アイヌには理屈が通じないよな」という発言は、話し手の個人的な印象ですが、一般化され客観的事実のような響きを持って聞き手に投げかけられ、単に話し手の印象が間違っている可能性は、ぼかされています。これに同調するとか、はっきりと反論しないでい

ると、その差別発言が承認されたことになり、大げさな言い方をすれば、差別者は世間を味方につけて力を持ちます。聞き手はその共犯者になってしまい、被害者の立場は不利になります。

　差別的な言動には、直接的な加害の他に、その場を共有する者同士の結びつきを強める効果があります。これは、差別者が、そばにいる者を自分と同じ立場に取り込んでいく同化のプロセスで、**差別的言動は、しばしば差別をすることよりも連帯感を強めることを目的としてなされることもあります。**

　実際には差別を受ける人がその場にいない（と思われている）場合にも、差別的な言動は成り立ちます。この場合、差別的な発言をした人も、対象となる人がその場にいると思っていませんから「差別をした」という意識を持ちません。

そこには思いもかけない言葉があった

「見たことも会ったこともない」って…

「アイヌは日本人に同化した。だからもういない」って…？

ドキドキドキドキ

p10でSNSに投稿されている言葉に傷つく颯太。SNSで発言している人たちに、「差別した」という意識はあるのだろうか……？

　その場に居合わせた人は、差別的な言動を制さないことや同調して笑うことで、差別を受ける人にとってのアウェーな空気（敵対的環境）を作ること、強化することに加担させられています。こうして、マイノリティがプレッシャーを受ける仕組みが強まり、時にはp11の颯太のように、属性をオープンにしていないマイノリティも協力者にされかねません。

統計から見る、差別と格差の現在

差別意識	差別を受けたことがある	23.2%
	自分はないが他人が受けたのを知っている	13.1%

生活意識	とても苦しい	27.1%
	多少困る程度	47.8%

大学進学率	アイヌ	33.3%
	同じ地域の平均	45.8%

必要としている対策	教育の充実	70.3%
	生活と職業の安定	51.1%

2017年「北海道アイヌ生活実態調査」の実施結果について（北海道庁アイヌ政策推進局）
※北海道内63市町村に住むうち、13,118人のアイヌが調査に協力

2007年、国連は「先住民族の権利に関する国際連合宣言」を採択しました。この中では「先住民族の権利」として、伝統的な儀式や技術などを維持、発展させる権利、活用してきた土地や資源に対する権利などが明記されました。2019年、日本で通称「アイヌ施策推進法※」が制定され、差別の禁止などが明記されましたが、国際連合宣言にあるような土地や資源に関する保障は含まれていません。差別や経済・教育の格差等の問題は果たして解決されるのか、注視していく必要があります。

※正式名称は「アイヌの人々の誇りが尊重される社会を実現するための施策の推進に関する法律」

第 3 章

アイデンティティ
私らしさと
アイヌらしさ

それはある日、突然に

私は達也
北海道で
生まれ育った

文化振興課

地元の市役所に
勤めて17年

アイヌ文化振興を
担当して6年になる

アイヌ文化
フェア

アイヌ文化フェア

アイヌ料理　郷土料理　オハウ　シト　アイヌ料理

これ
食べて

ありがとう
ございます、
いただきます

アイヌの人と
接する
機会も多い

この仕事に就いていなかったら
アイヌについて深く知らない
ままだったろう

オハウ※のうまさも
知らずに
いたなんて

アイヌ古式舞踊

アイヌ古式舞踊

迫害や差別を受け
言語まで奪われながらも…
誇り高く自分たちの文化を
継承してきた
アイヌの人たち

アイヌ
口琴演奏
ムックリを

※オハウ⇒魚や肉、山菜、野菜などさまざまな食材でつくる汁物。

そのお手伝いができる

自分の仕事が
誇らしいな

そんなある日の
ことだった

達也ちゃん

お休みの日に
ありがとうね

本家のおじさんが
高齢者施設に
入ったでしょ

今、おうちを
片付けてるん
だけど
物が多くって

達也の伯母

はい
聞いてます
お手伝いします

捨ててよさそうな
物は捨てちゃい
ますね

お願い
するわね

ばくさい

高橋家

ん？
これは
なんだ？

90

アイデンティティの喪失

母　きよ子の話

　「アイヌである」ということについて、当事者とそうでない人では、かなりイメージのずれがあるかもしれません。非アイヌからすると、ある人が「アイヌだ」と聞けば、アイヌの言葉や暮らし、歴史などを知っているだろうと想像するかもしれません。いっぽう、アイヌの側は、そのような見られ方に戸惑うかもしれません。現在の多くのアイヌにとっては、**自分がアイヌであるということ以外、特に何も知らないというのが一般的ではないでしょうか**。歌や踊り、言葉の継承活動に参加した経験を持つ人は、かなり少数だと考えて良いと思います（よく考えれば、和民族でも蕎麦を打ったり、尺八を吹いたり、歌舞伎を演じたりしたことのある人は少数でしょうが、それでも知識はずっと多いでしょう）。

　なぜ多くのアイヌが、自分に連なる歴史や習慣から切り離されているのか。**それは、上の世代が経験してきた差別・偏見の結果です**。差別・偏見は、それを受けた人に長期間にわたって負の影響をもたらします。といっても、毎日泣いて暮らしているわけではありません。いろいろな楽しさ、喜びを感じることもあります。ただ、意識のどこかには被差別経験や緊張感があって、ふとした時にそれがよみがえり、また差別が起こるのではないかという予感がすることもあります。辛い経験からトラウマを負った人は、それを克服するサポートがなければ、幸せを感じづらい状態が何十年も続きます。その影響は、被害を目にするなど間接的に触れた人にもおよび、世代

を超えて影響することもあります。差別を避けるために、自らをルーツから切り離すことで、歴史や文化、身内とのつながりを喪失してしまうこともその1つです。p88 〜 91 の達也さんのエピソードは、アイヌにルーツを持つ多くの人が体験しているものです。かくいう我が家の歴史も、細い紐でかろうじてつながったのでした。

　私の母と祖母の話をします。母は 1946 年に、北海道（アイヌ語でヤウンモシㇼ）の日本海に面した町、余市町で生まれました。偶然ですが、余市町は明治時代以前から樺太（サハリン、アイヌ語でヤンケモシㇼ）のアイヌと接点の多い場所で、また歌人・違星北斗さん（p50 注をご参照ください）の出身地でもありました。後に書くように、祖父母は戦前には樺太で暮らしていたため、移住先には身寄りも仕事もありませんでした。漁師の多い町なので、祖母が魚を仕入れてきて、行商する。そういう暮らしを数年続けたのちに、仕事を求めて太平洋に面する日高地方に移住しました。母の記憶ではずいぶん転居をくりかえしたようで、新冠町で炭焼きをしたときには、萱という植物で屋根と壁をふいた、いわゆる伝統的な家屋に似たところにも住んだことがあるようです。

また、近所にアイヌのお祈りを知っている、やはり樺太から移住したお年寄りが住んでいた時期がありました。私の祖父はアイヌの信仰に関心があったものの、それまで身に付ける機会もなかったので、その方に熱心にお祈りを教わっていたそうです。ただ、祖母は良い顔をしていなかったといいます。

　やがて小学校に入学したころ、下校中、近所の上級生に「やぁい、アイヌ」と、バカにされました。母は、そのとき初めて「アイヌ」という言葉を聞いたのでした。いじめられるようになって、祖母に「アイヌってなんのこと」と聞くと、祖母は「誰がそんなことを」と怒り出したそうです。それきり何も教えてくれず、母が尋ねても「相手にするな」の一点張りでした。母の一家もみな差別を経験していたことから、祖母は周囲にアイヌと見られない努力をし、子供たちにもアイヌのことを知らせないようにしていたのでした。

　しかし、祖母がなんと言おうと、周囲からは「お前はアイヌだ」と言われる現実は変わりません。その後の生活でも、児童からも教員からもことあるごとに侮辱を受け、壁を作られる経験が続きました。それは社会に出てからも変わりませんでした。信頼していた人に、ある日突然、差別的な言葉を投げかけられました。結局、自分の行く手を阻む差別の根源をたどるためには、アイヌについて知らなければならないと考え、仕事を変えて働きながら学ぶことにしました。しかし、そこでも差別に直面しました。

　母は、私が生まれた後も、85年や87年に祖母のところへ行き、家族の歴史について話を聞こうとしたようです。ノートを見ると、祖母は口が重いながらも、それなりに話をしてくれたようです。早口なのとアイヌ語がわからなくて書き切れなかったのが残念だった、と後で教えてくれました。子どもが成人し、社会に出たことで祖母

の心境にも変化があったのでしょう。

祖母　トーニンテマハの話

　祖母は 1907 年ごろ、明治時代の末に樺太で生まれました。樺太は明治に入る前後から日本とロシアが自国の領土に加えようと対立していた地域です。1875 年に樺太千島交換条約によってロシア領となり、1904 〜 1905 年の日露戦争によって今度は日本が南半分を占領しました。祖母は、日本領になって少したったころに生まれたのです。生地である西海岸**オタスヮ**（小田州）**村**※は非常に小さな村で、千徳太郎治著『樺太アイヌ叢話』という本には、曾祖父アシケトク一家と、その弟家族が暮らす村として紹介されています。曾祖母は樺太東海岸の落合という村からオタスヮへ結婚で移動したそうです。曾祖父母はおそらく 1880 年代、明治中期の生まれだろうと思います。

　祖母が 5 歳のころに曾祖父が流行病で亡くなり、曾祖母は付近のライチシ（来知志）村に転居しました。それから、しばらくすると祖母はチンナイ（珍内）町に養女に出されました。2 度ほど結婚したものの、夫と死別し、樺太に移住していた北海道アイヌの祖父と再婚したころに敗戦を迎えました。敗戦を迎えたといっても、樺

※**オタスヮ**（小田州）**村**　海岸が岩礁などから砂地に変わる起点という意味で、同じ地名が樺太の東海岸や北海道にもあります。戦前には、東海岸のオタス村（通称「オタスの杜」）に、日本領内にくらしていたウイルタ民族やニヴフ民族が住まわされていました。この人々を管理・監視する村であると同時に、ウイルタ文化・ニヴフ文化に関連づけた土産物を製造させ、一種の観光地として和民族が訪れる場所でもありました。オタスヮというと、こちらの村を連想する方もいるようですが、祖母の生地とは別の村です。

太にはソビエト軍が駐留し、不穏な状況でした。先住民族の中にも日本に協力的であったと見なされて殺されたり、シベリアに抑留されたりする人もいました。戦前には、日本から「ソビエトと通じたスパイではないか」と疑われて憤り、自死した人もいたのですから、皮肉な状況です。祖母は、母を身ごもった状態で北海道への避難船に乗り、余市町で母を産みました。

　移住後の生活は本当に苦しかったそうです。移住前、祖父は樺太西海岸のポント（本斗）村で漁業をしていて、いくつもの倉が魚で満たされていたといい、祖母はことあるごとに「樺太にいたらこんなに苦労はしなかったのに」とこぼしていたといいます。

自文化への愛着と拒絶

　私も中学生のころから何度か祖母の所へ行って、いくらか話を聞くことができました。私は宗教儀礼に興味があって、祖母にはもっぱらその方面のことを聞いていましたが、基本的にアイヌのことは話したがらないので、その気になってもらうまで時間がかかりました。そんな中、あるとき曾祖父のクマ送りの話題が出ました。

　曾祖父が亡くなったのは、曾祖父が祭主となってクマ送りという宗教的に重要な儀礼をする準備をしているときのことでした。祭主が亡くなったとはいえ、儀礼を取りやめるわけにもいかないので、急きょ他の方が取り仕切って行ったそうです。そのとき、祖母は曾祖父が座るはずだった席に座らされたそうです。そのとき祖母は4〜5歳の女の子だったので、この話を聞いた当時中学生の私も、聞いていてホントかなと思いました。祖母は、そのとき参列した人

がみな自分のことをチセコロポンマハテクっと呼んだと言っていました。チセコロというのは「家を持つ」という意味で、家の主人等を表す言葉、つまり主催者側という意味、ポンマハテクっは樺太の言葉で「幼い女性」の意味です。つまり「小さな女主人」というようなことでしょう。こういう立派な呼び方をされ、本当は父親が座る席に自分が座ったんだと話すとき、祖母はちょっと誇らしげに見えました。そして、火の神とクマの神への祈り詞を、アイヌ語で教えてくれました。また、後になって、樺太で見たイナウ（木製の祭具）を思い出しながら、自分で作って送ってくれたり、お神酒を捧げるための道具を手に入れて送ってくれたりしたこともありました。

　家族には多くを語らなかった祖母も、同郷の方や、移住後に近くに住んでいた方には、樺太時代や移住後の色々な思い出を話していたようです。そうした、祖母を知る方々からもいくつかのエピソードを聞かせてもらうことができました。祖母が余市に移住した戦後まもなくのころ、地元の人が主催するクマ送りがあったそうです。曾祖母は喜んで参列しましたが、地元の人に「樺太の踊りはヘンだ」と笑われたと言って、しょげて帰ってきました。それを聞いた祖母は「余市のアイヌを見返す」と言って踊りに行ったそうです。

　このエピソードからも、祖母が自文化に愛着と誇りを持っていたことが感じられますが、それは、子どもたちには見せないようにしていたものでした。祖母は日本語名で通していましたが、あるとき話の流れからトーニンテマハ（乳をよく飲む女）というアイヌ語名があることを聞きました。そのことも、私はもちろん母も全く聞いたことがありませんでした。**祖母が家族に語りたがらなかった話を聞くことができたのは幸運と偶然の結果で、そのまま全てが失われていてもおかしくありませんでした。**

家族にも話せない

　私の家族のようなケースは、実は非常に多いようです。**母と同年代やもう少し若い人々でも、配偶者にさえ出自のことをかたくなに伏せて暮らしていることが珍しくありません。**ある方は、アイヌの手工芸などを学んで腕をみがき、指導者的な立場になりました。その様子を見て、おそらくパートナーの方も何か察するところはあったでしょう。その方は、あるときには、アイヌとしての活動に熱心な親族が、パートナーの前でアイヌであることを話してしまうアウティングも経験したそうです。それでも夫婦の間で、アイヌについて正面切って話すことは避けてきました。和民族の配偶者にとっても、パートナーがアイヌであることを受け入れられない、周囲に対して明かせないというプレッシャーがあるのかもしれません。どちらにも「時代も変わったし、もういいじゃないか」と簡単に割り切ることができない、複雑な心情があるようです。

　そうした家庭で育った、子どもの世代にあたる人々からも話を聞くことがあります。私と同年代のある女性は、3代前から、家庭でアイヌとしての出自や歴史を伝えなくなっていたそうです。10代半ばに、アイヌとしての出自があるかもしれないことなどを、和民族の親族からは聞いたことがあったものの、アイヌの親族との間では話題にできない雰囲気がありました。子育てを終えるころに、初めて確かめることができたといいます。もっと若い世代のある男性は、大学でアイヌ文化の授業を受ける中で既視感を覚え、家族に確かめたことでルーツを知りました。ふとしたきっかけで、数代前の親族にアイヌ語の名前があることを見つけたものの、その後も家族

との間ではそのことに触れないという方もいます。

　自分や自分につながる家族、文化、歴史を知っているということは、その人の人格を形成したり、支えとなったりする要素の１つです。母は、ネガティブな形で自身がアイヌであることを周囲から知らされました。自分の出自を攻撃されているのに、自分では事情が分からないのですから、不安や焦りで苦しくなります。ルーツから切り離されて、時間がたつほど、たどることも難しくなります。そこで、母は自分でできるだけの情報を集め、アイヌであること、アイヌとは何であるかを私に教えようとしてくれました。初めにネガティブな形で触れなかったことは、私にとってとても幸いなことでした。人によっては、アイヌへの偏見に触れた後に自分がアイヌだと知り、ショックを受けることもあるからです。

　地縁や血縁によってわかること、文献などの記録、アイヌについて記録した写真・映像・音声資料などは、ルーツを知り、アイデンティティを形成するための資源となります。私の場合、和民族と北海道アイヌ、樺太アイヌにルーツがあるのですが、樺太が最も気になるのは、たどれない部分が多くあることによる喪失感が関係しているでしょう。北海道内にルーツを持つ知人の中にも、情報などの資源が乏しく、地域の歴史・文化をたどるのに苦労する人がいます。**もっとも大きく影響するのは、地縁・血縁によるつながりが途切れがちであることでしょう。**周囲の和民族からアイヌとして特定されるリスクを避け、地元と距離を取るうちに親族とも疎遠になることも珍しくありません。すると、その子孫は、私の母もそうであったように自分がアイヌであるということ以外は何もわからなくなります。このように多くを喪失したアイヌは、**「自分は本当にアイヌなのか」**という悩みを抱えることもあります。

moya moya   moya moya

私もアイヌ
だったんだ

自分のルーツが
知れてうれしかった

しかし ―――――

はい
文化振興課です

今さ、資料館で
アイヌ展やってるでしょ

はい、私たちが
担当しています

あれの説明文
なんだけど

アイヌはもう
いないんだから

まちがった
記述
しないで!

この手のクレームは

これまでも
しょっちゅうあった

アイヌ文化体験講座に
苦情を言いに来てる
人がいます

アイヌ文化普及を税金
でやる必要あるの？

もっと大事な問題
があるでしょう

以前はアイヌの人達を
守る盾として頑張れた

でも、自分もアイヌと分かった今、
先祖も親も親戚も
子どもも丸ごと
否定されているようで

身が引きちぎられるみたいに辛い

「本当のアイヌ」とは？

新しい差別

　社会に人権の思想が広まった結果、露骨な差別は閉じた人間関係や、ネット空間など匿名性のある場面で起こるようになってきました。現れ方にも様々あり、その１つがマイノリティの経験や、存在そのものを否定するものです。否定論の根拠は「本質主義」です。言語哲学者の和泉悠さんの挙げる例が分かりやすいので紹介します。

　哲学において「本質」とは、それを失うと何かがその何かではいられなくなるような性質です。たとえば、三角形の本質はその名の通り角を三つ持つ形であることです。角が三つもあるのだからと、ひとつ角を取ったり、あるいは、もう一個くらいさしあげましょう、とひとつ角を増やしたりすると、もはや三角形は存在しなくなります。こうした本質は、私たちが世界を認識するあり方においても重要な役割を果たしているようです。とある集団とそのメンバーに対して、本質のようなものを想定する、という私たちの心理的な傾向性を「心理学的本質主義」と呼びます（Gelman 2003）。私たちは（本当にそれが科学的に正しいかどうかは関係なく）いろいろな動植物や人間の集団に本質があるように考えてしまうのです。

和泉悠『悪い言語哲学入門』（筑摩書房）より

　三角形を三角形たらしめているような条件を、人間集団に求めることは必ずしもできません。試しに「日本人」の本質を考えてみるとどうでしょうか。日本国籍を持っている人を日本人と呼ぶことがあります。すると、国籍という考え方が生まれてきたのは明治時代のことなので、それ以前には「日本人」は存在しないことになります。「日本人らしい見た目」といっても、人によって容姿もけっこう違います。あるいは「日本語を話す」「コメを食べる」としても、うまくいかないでしょう。どれも「日本人」だけでなく、KONISHIKI さんやロバート・キャンベルさんなど外国ルーツの人にも当てはまり得るからです。

　このように、ある民族の本質を決めるということは簡単ではありません。しかし近代の日本は、自分達のアイデンティティを作り上げるために周囲の人々を本質主義的に定義してきました。**「アイヌは○○である」という形で自分達との間に線を引き、結果的に自分達の外枠を決めてきたのです。**相手との違いが強調されれば良いので、自分達の定義についてはずっと棚上げをしてきました。

　「アイヌはもういない」というような存在否定論は、本来ならとても難しい条件を相手に課して、その条件が満たされなければ「存在しない」と断定するものです。これは、明治以降の、相手を一方的に定義することによる排除を応用したものです。自分にも満たせない条件を相手に求めて騒ぎ立て、力と数によって押し切ってしまおうというのがその基本姿勢です。

　そして、実のところ相手が存在するかどうかには関心がなく、黙っていれば良い、そこに「いる」と言わなければ良いと考える点も特徴です。**相手を黙らせるという目的・結論こそが重視されていて、一貫性は特に大切とは考えられていないようです。**

アメリカのボストンで起きたヘイトクライム（人種・民族・世系などへの偏見を動機とする犯罪）を分析した研究によると、動機として最も多いのは「スリル追求型（66％）」となっています。これは、人を攻撃するスリルを求めること、攻撃によってパワーを誇示することを動機としているものです。攻撃対象は誰でも良いのですが、攻撃者にとってリスクが少ないマイノリティを標的にしているのです。続いて多いのが「防衛型（居住地などへの侵入者を排除するもの、25％）」と「報復型（何らかの被害に対する反撃、8％）」です。いわば、それほどの思想も理由もなく、うっぷん晴らしに人を攻撃しているのですが、この傾向は日本にも共通するように感じます。

「アイヌはもういない」

　アイヌを差別してきたことへの批判や、格差を是正するための取り組みに対しては強い反論もあります。その１つが「**もうアイヌなどいない**」とか「**アイヌという民族は存在しなかった**」といった**存在そのものを否定する主張**です。よく使われるのは「血筋」や「独自の文化」を引き合いに出すものです。

　明治時代以来、アイヌは「混血」によって「純粋さ」を失い、やがて消滅すると言われてきました。この理屈は、２つの点でおかしいのです。まず、「混血」によって純粋ではなくなるというのであれば、アイヌと結婚することで和民族も純粋さを失っていくはずです。こうした論理は、意味がないだけでなく、ミックスルーツの人にとっても苦しいものではないでしょうか。

　「私は純粋な日本人」だと断言する人はけっこういます。現在の

研究では、一番新しい氷河期のころ、海面が下がり日本列島と大陸が地続きだったころに人類がわたってきたと考えられています。人の移動は何度もあったと考えられ、海面が上がって日本列島が海に囲まれるようになってからも、何度も移動がありました。縄文文化が広まっていた日本に弥生文化が広まったのも、朝鮮半島から移住した人々の文化の影響によると言われています。古代国家ができてからも渡来人と言われる人々が多く移住します。平安初期に書かれた『新撰姓氏録』という書物を見ると、当時の貴族の 10 人に 3 人が渡来人だったことがわかります。桓武天皇（737 年 -806 年）の母も、百済（朝鮮半島の古代国家）の人です。

「一人種一国民」?

　和民族については、戦前から単一民族論と混合民族論という 2 つの考えがありました。混合民族論は先に見た通り、和民族の歴史には多くの人間集団の流入と混じり合いがあったとする考え方、単一民族論は文字通り 1 つの民族しかいないという考え方です。長谷部言人という研究者は、1939 年のラジオ講演の中で、日本人は人類が発生して間もなく日本にやってきたのであって、それ以後の他民族の移住は証拠のない「夢の如き話」だ、つまり混血など起きてないと言いました。しかし長谷部は、1910 年代後半ごろは日本人の混血性を否定していませんでしたし、歴史を考える時に古事記や日本書紀などの古典を完全に事実として扱うことには慎重でした。そこから 30 年ほどたつと、以前とは正反対の立場に立って、古事記などに基づいて歴史を語り、混血性を否定するようになりました。

その後の研究によってわかってきたことを考えれば、長谷部の主張は成り立ちませんし、自分自身の元々の主張とも矛盾しています。

　同じ時期、清野謙次という研究者は、日本の建国後に色々な民族の渡来が激しくなり国内が不安定になったので、平安の初期に「鎖国令」を出した、その後で「日本人種」の同化が進んで「一人種一国民」となったと言っています（1944年『日本人種論変遷史』）。つまり、ルーツは様々だけれども混ざり合って1つになったので、自分達は1つの人種（民族）だというわけです。**だとすると「純粋」とは一体何でしょう。**

　アイヌはいないという人々はこの点をどう考えているのでしょう。「和民族は混血してもイイがアイヌはダメだ！」といえば誰も相手にしないでしょうが、自分を「棚上げ」して触れないことで、なんだか理屈がとおった風になるのです。このことから、**差別に対峙する時にはマジョリティをしっかり見ることが大切だと思います。**

「同化」

　アイヌの存在を否定するもう1つの根拠は文化的な「同化」です。「アイヌらしい」習慣や言葉から、和風の生活に変わったので、もう民族性は残っていない、というのです。ここにも、和風とは何かを問題にしない点で「棚上げ」が利いています。

　アイヌ語研究者の中川裕さんは、1から10までの数をはじめ、日本語の中には漢語に由来する言葉がとても多い、日本語の語彙のおよそ半分は漢語だ、とおっしゃっています。カルタやボタンなどヨーロッパ系の言語も中世のころから入ってきていますし、今日の

家電店などでは「リーズナブルなプライスで最新 OS のノート PC をゲット」というような、これは日本語の文なんだろうか、と一瞬考えてしまうコピーが飛び交っていたりします。

　日本では、古代から文字や国家体制や宗教など、国を運営するためのノウハウを中国大陸や朝鮮半島の国家から輸入してきました。そこから「和魂漢才」といって、中国の学問を取り入れながらも日本の精神を維持して融合するという言葉も生まれました。ところが、戦中にまとめられた『**国史概説**』※という本には、大陸との交流が増える中で、日本にあこがれた中国や朝鮮の人々が移住し、日本の風習になじんで同化した、と書かれています。どう思います？

　また、江戸時代からは、ヨーロッパの思想や知識を輸入し、特に明治時代からは大急ぎで国の仕組みや思想や、身なりにいたるまで洋風化を急ぎました。「日本らしい」暮らしが急速に変わることは隠しようがなかったのですが、それを「和魂洋才」と表現しました。心までは変わらないぞ、ということですね。

　文化の研究をしていると、人の集団が必ずどこかの集団とつながっているのと同じように、文化も必ずどこかの文化と接点を持っていることがわかります。他の文化と完全に切り分けられるオリジナルの文化などというものは考えにくいですが、とはいえ心情的には「心は日本だもん」と思っていてもまったく構わないと思います。ですから、他の民族にも「あんたら暮らしが変わったからもうダメ」なんていうのは無しでしょう。

　「人種」や「民族」の定義は、学問の中で、政治的な目的・結論ありきで新しく作られたものです。ふつう、ものの定義は、事実を

※**国史概説**　1943年に上巻が、1944年に下巻が刊行されました。

観察して、それを説明するのに合うように考えます。定義と事実が合わない場合には、定義の方を修正します。「人種」は考え方自体が使われなくなり、民族についても「他と違う言葉・文化などを共有する集団」という説明は、実態に合わないため使われなくなっています。ところが、アイヌの存在否定をしたい人たちは、民族の古い定義を優先して、定義に合わないから、民族として存在しない！と力説します。無茶です。

　私の周囲にも、分別盛りや責任世代と呼ばれる大人の中に、こういう人がわらわらいます。一方、大学生など若い世代は健全な感覚を持っていることも多く、困った大人たちをかなり引いた目で見ています。大変頼もしいことです。

マイノリティ利権・
マジョリティ差別・陰謀論

　社会心理学者の高史明さんが紹介している「現代的レイシズム」という言葉があります。それは、

❶ マイノリティへの差別はもう解決されている

❷ 経済などの格差はマイノリティ自身の努力不足によるもの

❸ 差別を解消するための訴えは過剰で、それによって不当に
　 利益を得すぎている

といった信念に基づく差別です。こうした現象は、アメリカでアフリカ系の人々が差別や格差の解消を求める動きに対する「黒人差別など存在しない」という反発の中で見られるようになってきました。女性やセクシュアルマイノリティへの差別解消、格差是正の動きに対しても、同じような反発が起こります。

　ブラックライブズマターの動きが報道されたとき、アメリカだけでなくヨーロッパでさえ、いわゆる白人と呼ばれる人々の中から多くの賛同や連帯が起きているのに、日本国内ではこの運動を、単なる暴動や略奪であるかのように否定的に語る人々がいました。ネット上でその発言をたどってみると、ジェンダー平等やセクシュアルマイノリティの人権保障を求める人々などに対する攻撃的なコメントも並んでいます。「在日特権」や「同和利権」などといった言葉も、差別に対する申し立てを不当なものと見なし、マイノリティこそが優遇されている、という主張から生まれたものです。これらをマジョリティに対する逆差別だ、という声もあります。

　批判のコメントには「税金」や「公金」という文言が目に付きます。マイノリティの施策に限らず、公的な施策は税収入を運用して行います。しかし、マイノリティに関する施策は「我々とは無関係」である、つまり「不必要な施策が行われ税金が投入されている」というのです。そしてこれは「怪しい人々に大金が流れている」とか「国の中枢が支配されている」といった陰謀論にもつながっています。

　こうした主張にのめり込んでしまうのは、社会や制度がマジョリティに傾いていることを実感できないためです。マイノリティが不利な地位に置かれている事は制度的差別・文化的差別の結果であり、それを是正するための取り組みを、差別と呼ぶことはできません。これについては、p114〜117やp146〜153も参照してください。

達也、言葉を失う

カチャ……

はぁ…
しんどかった

文化振興課

高橋くん
大丈夫か?

いつも
電話してくる
人よね

はい…
なんて
いうか

会議室

アイヌの人たちは
実際、独自の文化を
持っているのに

差別や偏見をおそれて
下の世代には隠したり
してきたわけですよ

クソバイス／トーンポリシング

「そんな言い方じゃ 聞き入れられないよ」

p111 で、達也が言葉を失ってしまったのはなぜでしょう。フェミニズムやジェンダーに関する発信へのコメントを見ていると、けっこうな確率で「主張は理解できないでもないが、そんな言い方では共感を得られない」というクソバイスが目に入ります。こうした、**意見の内容ではなく口調や言葉選びを問題視することをトーンポリシング**といいます。トーンポリシングによって、結果として論点がずれ、何の話をしているのかがウヤムヤになってしまいます。

マイノリティはバッシングを受ける事に慣らされているのに対し、マジョリティはとても打たれ弱いというか、批判されることにとても繊細で、しばしば感情を爆発させてしまいます。アメリカでは、ヨーロッパ系の人が持つこうした特質を「ホワイト・フラジリティ（白人の脆弱さ）」と表現する研究があります。同じように男性も批判されることが苦手ですし、和民族にも一般に「シサム・フラジリティ（和民族の脆弱さ）」とでもいうような気質があると感じます。

トーンポリシングは、そこから発した一種の逆切れです。平静を装っていることもありますが、マジョリティの問題として示されたものに取り合わず、マイノリティの問題に変換し「いったん持ち帰って検討してください」と突き返す行為です。「アイヌはそんなふうにすぐに感情的になるから聞いてもらえないんだよ」とか「どうしたいのかがわからない」とか。もー、何それ。

「聞いてもらえない」とか「共感を得られない」という言い方にも違和感があります。何か「第三者として言わせてもらうけども」的なスタンスですね。自分にも向けられている問いかけなのに、なんでこんなに他人事なんでしょうか。相手の言い方に抵抗を感じたにせよ、その主張が理解できるというなら、言い方と内容を切り離して、内容について考えてみれば良い。どうしたら「言い方が嫌だから、言い直すまで聞かない！」なんていうことになるんでしょうか。よく考えると異様な感じがしますが、分別盛りのはずの人たちが、そのように言い捨ててそっぽを向いてしまうことはけっこうあります。どんなときでも、相手に敬意を持って伝える心がけは忘れてはいけませんが、一方で、トーンポリシングに惑わされ、足元をすくわれたり委縮したりしないようにしたいものです。

当事者性の濫用①
誰が代表性を持てるか

アイヌの間にも、性別や性的指向、年代、育った地域、家庭・学校・職場の環境、経験や趣味嗜好などにおいて多様性があり、それによってアイデンティティの持ち方も様々です。アイヌに関する政策や研究などへの反応も、それだけ幅があります。ある意味、当事者であっても、全ての当事者を代表することはできません。

ところが、発言をしようとするときには、ついつい「我々アイヌは〜」と主語が大きくなりがちです。**他の当事者の声を代弁してしまうことは、相手から頼まれたのでないかぎり、避けるべきです。**アイヌ民族の団体もいくつかありますが、それらはどの程度アイヌ

の声を代表できているのでしょうか。北海道が行っているアイヌの人口統計があります。この統計に表れる数は、実際のアイヌ人口ではなく最少の数（「少なくともこれくらいいます」という数字）と言われますが、会員数がこの数字の半分に達する団体はありません。また、多くの団体は、代表や役員が高齢の男性に偏っています。例えば、差別の被害について語る時、社会的な地位もあるマッチョな男性が意見するよりも、被害を受けるリスクの高い人の声が聞かれるべきでしょう。**アイヌの内にも多様な立場がありますから、その意見を吸い上げて活動に反映するには、組織の在り方や意見の集め方を見直す必要があります。**

　また、近年よく話題になるのは、非アイヌの人々が、アイヌ語やアイヌ文様などを利用する時、あるいは研究の倫理を議論するときに、誰を相手に交渉・相談をすれば良いのかということです。文化的な助言をしたり、交渉の窓口となったりする組織を作る動きもありますが、特定の地域を超える規模のものはこれからの課題です。必ずしも統一的な交渉の場が必要ではなく、個別に協議をしても良いとも考えられますが、文化の所有権や研究のルールといったことについて、アイヌ同士が相談する場はあった方が良いと感じます。海外の先住民族のように、アイヌの声を集め、議論するための議会が必要だと感じている人びともいます。

当事者性の濫用②　非アイヌに対して

　アイヌに関わる非アイヌの立場から、しばしば「逆差別」という声が上がることがあります。格差是正の取り組みが「ずるい」と思

えてしまう事情は p102 〜 109 に書きました。これと別の話として、アイヌ文化の普及に関連する活動（文化の保存組織・観光業・博物館・教育機関など。長いので文化活動とします）という少々特殊な環境でのケースを考えてみましょう。

　一般論として、人が集まれば気が合わないことなどトラブルの種はあるものです。それはそれとして、ここでは、立場と場所による力関係の変化に注目します。

　文化活動は、社会という大きな集団の中で、より小さなグループによって行われます。例えば、市民が集まる文化継承の会や工芸家の組織などは、一般に当事者の運動としてアイヌの有志が立ち上げ、経験や知識のある人が主導的な立場につきます。

　ここに、アイヌ文化に関心を持った非アイヌが参加することもあります。このとき被差別経験を持つメンバーは、和民族（直接の加害者ではないとはいえ）の参加に複雑な思いを抱くことがあります。同族同士の安心できる場所に、加害の恐れのあるメンバーが来ることになるためです。一方、和民族はアイヌ民族が感じる差別や偏見のリスクをリアルに想像することができないため、ここで意識のズレが起こります。そこにマイクロアグレッションが起こると関係が悪化して、**和民族に対してトゲのある言動がなされることもあります**※。和民族はこの場では少数派として肩身の狭い思いをし、不当な排除を受けていると感じるでしょう。

　一方、和民族は全体としてアイヌよりも経済・教育の水準が高い傾向にあり、小グループの外に出れば、多くのアイヌよりも優位に

※**和民族に対してトゲのある言動がなされることもあります**　特に、差別や立場の違いを軽視する態度や知識をひけらかすような発言は反発を受けます。

立ちます。社会全体で見れば、アイヌの方が周縁に置かれているからです。また、小グループの中心メンバーが高齢化などで引退していくと、経験があり学歴などの権威も持った和民族が、アイヌの小グループの中でも優位になっていくことがあります。各地域のグループを見ると、代表や主導的なポジションに和民族がついていることが少なくありません。博物館や大学などにアイヌ研究のポストを得ている場合に限定すると、アイヌルーツの研究者は研究者全体の数％に満たないかもしれません。そして、社会の中で小グループの活動に公的な支援をするとか、組織の活動を公教育の中に取り入れていくといった制度を作る力は、和民族社会が持っています。小グループの中の和民族は、そこではマイノリティに見えますが、全体としては優位なグループにも属していて、時にはアイヌに関する大きな事業を動かす場合もあります。

　このように、同じ人と接するのでも、グループの内と外とでは関係や力関係が変化します。そこで、小グループ内と公的な場の双方で、関係調整が必要になります。小グループ内で和民族のメンバーに向けられる不適切な言動は無くさなければなりませんが、社会全体としての不均衡（力の偏り）も無くしていかなければなりません。

　「アイヌ民族への差別がある」とは、アイヌの大半が民族性を明かすことに恐怖を感じ、ひっそりと隠れてくらすような事態です。アイヌとの間で、和民族の身の上にはそのようなことは起こりようがありません。アイヌは自分がアイヌだと気付かれないように注意を払いますが、「逆差別」に憤る和民族には、正面からアイヌを批判して黙らせようとする人も多くいます。**こうして見ると、やはり、マイノリティからマジョリティへの「逆差別」は成り立っていないように見えます。**和民族が文化活動のグループに参加する場合には、

アイヌ側が持つ葛藤を知り、そこに歩み寄ることでトラブルは減るでしょう。同時に公的な場（特にアイヌ政策などの意思決定の場）での、アイヌの参画が確保されることが重要です。

学 者 批 判

　アイヌの口から「学者」や「研究者」という言葉が発せられるとき、しばしば批判的なトーンが伴います。それには理由があります。

　明治期以後、日本の研究者は日本の優越性／アイヌの劣性という予め決まっている結論に向け、人種主義的な研究を進めることで、植民地主義を正当化してきました。**研究のための情報や資料の集め方には、倫理に反する点が多くありました**※し、和民族研究者は、

※**研究のための情報や資料の集め方には、倫理に反する点が多くありました**　明治時代以降、東京大学や京都大学、北海道大学などの研究者たちは、アイヌの墓を掘り起こし、遺骨を持ち出して研究の材料としました。文部科学省の調査によると、国内の大学が保管してきた遺骨は1600体以上におよびます。日本政府は、大学が保管する遺骨については2018年、博物館が保管する遺骨については2022年にアイヌ民族の各団体へ返還するという指針を示しました。研究者たちが収集した遺骨の一部は海外へも持ち出されており、ドイツやオーストラリアから遺骨が返還された例もあります。現在、大学が保管してきた遺骨のうち約1300体が北海道白老町の民族共生象徴空間「ウポポイ」内の慰霊施設に移されています。和民族研究者には「収集は法的に問題なかった」とする主張もあります。しかし「法」は常に平等とは限らず、マジョリティに有利な形で作られたものがあります。1934年には、北海道大学の研究者が遺骨発掘について警察の取り調べを受けたにもかかわらず、その直後にアイヌの遺骨発掘を可能とする北海道庁の規定が作られました。こうしたマジョリティの作った法制に反しないことだけを以て、正当性を語ることはできるのでしょうか。和民族研究者は、アイヌが協力的だったと強調しますが、調査を拒絶した人や、発掘が始まってから抗議をした人がいたことも記録されています。このことを考えれば「協力」した人々にも、不利な立場に置かれた環境での複雑な思い・事情があったことを考えるべきでしょう。

その後のアイヌとの関係でもマイクロアグレッションを繰り返しています。確かに無反省な人が多くいます。

　とはいえ、アイヌ社会での交渉は、理路整然としフェアであるべし、とされてきました。ですから、根拠を示さずに相手をなじるとか、一貫性を欠く主張をすることはアウトです。研究者に対して「研究をやめろ」と大きな声を上げるおじさんが、別なところでは、ちゃっかり他の研究者と共同研究をしている、なんてことがありますが、こういうのはやっぱりダメですよね。

　また、アイヌ語・アイヌ文化の研究では、アイヌ自身が研究を行う長い歴史があります。その他の分野でも、出自を明らかにしていないものの、アイヌルーツの方は多くいるようです。となれば「研究者＝和民族」という認識もアップデートが必要です。主語を明確にし、「誰が何をどのように研究すべきだ／してはならない」ということを丁寧に議論するべきです。

あんた誰

　変な話ですが、学者批判や政策批判の隊列には、アイヌへの支援を謳って和民族社会を批判する和民族も加わります。ここでも、しばしば主語の大きさが問題になります。支援者を自認する人が活動をともにしているアイヌは、数人からせいぜい10人くらいでしょうが、活動を発信するときには「アイヌとともに」と、いきなり話が大きくなります。「全米騒然」くらい主語が大きいですね。

　マイノリティあるあるだと思いますが、支援者ポジションに立ち

たがる人はいわゆる**マンスプレイニング**※をするタイプです。何らかの事情で、強い承認欲求を持ちながら、マイノリティに関わろうとするためか、いやに上から目線で、なんでも先回りして保護者的に振る舞うコミュニケーションしか知らない。そして、そのことに無自覚。**こういう和民族の優越主義的な態度を、個人的にサンスプレイニングと呼んでいます**（「サン」はシサムと同じく和民族を指すアイヌ語）。

　繰り返しになりますが、アイヌの立場や考え方は多様です。支援者ポジの人々は、アイヌ全体を代弁しているかのように振る舞いますが、**実のところ自分の意向を受け入れるアイヌを「真のアイヌ」などと呼び、その声を選び取っているのです。**そして、支援者のはずだったのに自分がプレイヤーになり、「アイヌはですね！」とか「お前たち日本人は！」と正義の怒りを叫ぶのです。あなたの立ち位置はどこ？　と思わずにはいられません。

※**マンスプレイニング**　「man（男性）」と「explaining（説明する）」を組み合わせた造語。相手を無知と決めつけて、見下したような態度で解説したり、知識をひけらかしたりすることを指す言葉です。

次のチラシ
できました

あ
いいですね

第4回
みんなで
アイヌ文化を
知ろう
〜アイヌを理解
するために〜
場所：文化センター

あれ……？

いつもと同じタイトルなのに
違和感を感じる

みんなで

知ろう

理解
するために

例えばこうだったらどうだろう

みんなで
女性の気持ち
を知ろう
[女性の立場
を理解するために]

みんなで
LGBTQ+の
ことを知ろう
[LGBTQ+の
悩みを理解
するために]

なんだか
上から目線だ

そもそもこの「みんな」って誰なんだ？

みんな で アイヌ文化 を…

アイヌではない
人たちのこと…

当たり前のように
「みんな」に
アイヌが
入っていない
なんだか疎外感を
感じるな

「アイヌ文化を知らない人たちで
アイヌ文化を知ろう」

「理解するために」も
おせっかいなのに
突き放しているような
言葉だな

しかしややこしい
タイトルになって
趣旨が伝わらない
のも…

あの…
直したほうが
いいですか？

いや
これで
いきましょう

マジョリティは名前を持たない

見えない主語＝社会の中心

　マイノリティとマジョリティは、ぴったりと貼りついたような関係にあります。そしてマジョリティは、自分の価値観、振る舞いなどを「フツウ」「標準」と感じています。フツウ・標準であるとは、取り立てて目に付く特徴が無いということです。こうしてマジョリティは、自らをあえて言及するまでもない、無色透明で無味無臭の存在のように感じることになります。その結果、マジョリティと異なる（とされた）マイノリティの特徴だけが、人目を引く特殊なものとされるようになります。

　アイヌについて発信するリーフレットやパンフレットなどを見ると、「アイヌを理解するために」や「アイヌとともに」といった文言が目立ちます。**理解するとかともにあるとは、誰かが誰かに対して行うことですが、主語に当たる「誰が」を書いたものは皆無です。**これは女性や障がい者やセクシュアルマイノリティについての啓発パンフレットの場合も同様で、誰が理解するかの明記は無いか、あっても少数です。

　では、その主体は誰なのでしょう。「アイヌを理解しよう」と書いてある場合には、理解の主体はアイヌ以外の人だと考えられます。そのように多くのパンフレットに明記された属性を消去していくと、**残るのは壮健な体を持ち和民族である異性愛者男性です。**

　「ねぇねぇ、そこの見るからに健康そのもので女好きの日本紳士、いや私もそうなんですがね、ちょっとこれ読んでくださいよ。私た

ちの社会にいる、あの人たちのことなんですけどね」

こう書いてあればいろいろわかりやすくてイイのですが、そういうことはまずないので、書き手・読み手の立ち位置が見えにくいのです。改めてじっくり考えてみると、実はこれらのパンフは書くのも読むのもマジョリティだということが見えてきます。

これまで社会の認識は、マジョリティ的視点一辺倒でしたから、これを変えるためには、社会を複眼的に見る視点が大切だと言われています。しかし、これらの啓発パンフの文体は、互いを視野に入れるというよりは**マジョリティである自らを視野の外に置くので、神のような目線で高みから相手を見ることにもなりやすいようです。**

私って「私たち」に入ってますか

今、啓発や理解の主体は壮健和民族異性愛男性（長いので、今ここでだけ SWID と呼んでみます）だと書きましたが、実際には書き手も読み手もそこまで明確なイメージをもっていないでしょうし、自分たちがマジョリティだとも意識していないと思われます。ですから、ここにあえて見えない主語を補うとすれば「私たち」や「皆さん」など、あいまいな総称になるでしょう。実際に「私たち」が使われることもよくあります。公益財団法人アイヌ民族文化財団が作成・配布している冊子『アイヌ民族〜歴史と文化』の p4 では「私たちがアイヌの人たちを史料のうえで確認できるのは〜」と書かれています。このような、アイヌを含まない「私たち」が、この冊子の想定する書き手・読み手でしょう。

やはりこれらの啓発パンフは、主にマジョリティがマジョリティ

に向けて、書き手も読み手も同じ立場に立っていることを前提に作られていると考えられます。主語・主体は明示されてもされなくても、マジョリティを指す「私たち」です。

ごく最近まで、こうした啓発資料を作る行政職員などが、主にSWIDであったために、わざわざ「誰が」などと書かない習慣だったのかもしれません。読み手もまた、SWIDであることが暗黙の了解となっていたとも考えられます（本当は以前から書き手も読み手も多様だったはずですが）。

しかし、発信・受信が同じ「私たち」の中で閉じていると、結局**「社会は私と同じような人で占められている」**というイメージは変わらず、**その他の人はモヤがかかったように見えなくなってしまいます。**「世の中のどこかには変わった人がいる」という知識は得ても、その人々が「私たち」の中で生活しているとか、自分が実際に行き合ったりするという想像はしにくいのではないでしょうか。資料を作っている側の人も、そういう想像ができているかというと微妙な感じです。

「私たち」の閉じた世界のイメージ

女性　外国人　高齢者　障がい者　ビジネスマン　子ども　LGBTQ+

私たち
＝
壮健・和民族・
異性愛者・
男性

マジョリティである「私たち」が、「社会には自分と同じような人ばかり」というイメージから抜け出せない限り、マイノリティは、見えなくなってしまう……。

結局、言い出しにくい

　同じような傾向は、アイヌについての様々な語り、例えば研究書や一般書、教科書、報道などにも見られます。意識して見てみると「私たちは彼等から学ぶべきだ」「私たちの知らないアイヌ文化を見てみましょう」「私たちの町にはアイヌの人たちが暮らしている」等々と、アイヌは常に第三者的に書かれていて、主体はマジョリティになっています。

　啓発のパンフや教材の役割は、人々に情報を伝えるだけでなく、読み手の考えや意見を引き出すこと、人々がそのテーマにそって意見を交わすきっかけを作ることです。もちろん、マイノリティ自身も読み手となるし、いっしょに意見を交わすことも必要です。ところが、アイヌが第三者として描かれていると、読み手に「アイヌはここにはいない」という前提を与えてしまいます。

　私たちの認識は、言葉によって強く影響を受けます。文章を読んでいて、ある人に対して非常に敬意を払った表現がされていれば「ただ者じゃないんだな」と思いますし、ある人が過去の人として書かれていれば「もういないんだな」と思います。その場で使われている言葉によって、私たちは無意識に様々な判断をしています。ですから、**アイヌが常に三人称で語られていれば、受け手は「アイヌとはまずその場にいることは無い、遠い存在」という前提を作ってしまいます。**

　そういう場所で、マイノリティとして自分がそこにいる事を伝えようと思っても、さりげなく話すタイミングはありません。みな「私たち」は同じだと思い、他の民族は遠い存在だと思っていますから、

ルーツが話題に出ることがないのです。そこでルーツを語ろうとすれば、意を決して「はい！　はい！　はい！　まさに私がここに書かれている、その者でございます」と宣言する必要があります。経験してみるとわかりますが、マイノリティの存在や身の上などのいろいろを全く知らない相手に自分のことをわかってもらおうとすると、まず相当切り出しにくいものです。言ってみたら「だから何？」と言われるかもしれないし「え……？」と固まられることもある。どちらにしても、すごい空気です。こうしてみると、**アイヌを第三人称で書くことは、対話の場から締め出す効果を持ってしまいます。**

それってあなたの話ですよね

　ルーツについて切り出せたとしても、こちらの伝えたいところまでわかってもらうのは相当骨が折れます。相手は、同じ町に「外国人」ではないけれども民族が異なる人がいる、とは考えたこともない場合も多いので、時によっては歴史から説き起こして説明しなければなりません。話を始める前に、自分が何者かをひとまず納得してもらうまでのハードルが高いのです。それを、初対面の人ごとに毎回こなさなければならないとなれば、もう相当に面倒なのです。

　また、アイヌのことを「信仰に篤い」とか「自然と共生している」等と、やたらに特殊な人々とすることにも、同じような問題があります。たとえよさげな言い方でもダメです。これらもステレオタイプです。信仰を大切にしている人もいますが、全てのアイヌに当てはまるわけではありませんし、それは和民族も同じことでしょう。また、現代日本の都市で自然と共生した暮らしをできるわけでもあ

りません。非現実的なイメージをアイヌに押し付けるばかりでなく、互いを正しくとらえ、対等な対話をする妨げにもなります。

　「アイヌから自然との共生を学ぼう」。これも、定番の表現です。アイヌ文化やアイヌ語の研究者である本田優子さんによれば、札幌圏の学生アンケートから浮かびあがるアイヌのイメージは、山の中で周囲と隔絶した小規模な社会を営み、その生活は不合理だが素朴で清貧、というものだそうです。では、アイヌから学ばねばならない和民族とは、どのような存在と考えられているのでしょう。「和民族もかつては自然とともに暮らしていたが、今では物質的に豊かになった半面、自然とは距離ができ豊かな精神性も失ってしまった」。こんなところでしょうか。そんなの、東京都杉並区高円寺北2丁目のマンションに住んで、デリバリーで食いつなぎながらリモートワークをしているアイヌだって同じですけど。

　なんとなく、自然云々のフレーズには「本来の人間らしい暮らし」をしていた過去へのあこがれと重なるところがありそうです。好意的にせよ、アイヌは過去の存在であるとか、過去から変わらない存在であると言っているのと同じことです。アイヌは自然に近い、などとあこがれを込めて言う人もいます。こういう人は「あなたは文化と自然で言えば自然寄りだね、200年くらい前の俺によく似てるよ」と言われる立場になったとしたら、喜べるんでしょうか。自分で思うのと人から言われるのでもちょっと違いますが、私は前半までなら微妙に感じます。後半まで言うと、多くのアイヌが怒り出すでしょう。**表現そのものは一見すると肯定的ですが、やはりこれはなんとなく聞こえが良さそうなだけで、けっこう失礼な表現なのです。**仮に心から讃えていたとしても、イメージ商売をしている人ならともかく、カタギのアイヌは「反応に困るわ」としか思いません。

そもそも「私たちはアイヌに学びたい／学ぶべき」という言葉をよく考えてみれば、結局「私たち＝マジョリティの話」なのであって、アイヌの話じゃないでしょうか。アイヌが、自分たちのもやもやの話をしているときに、このようなことを言ってしまったとしたら、かなり外しています。よさげなフレーズかと思って使っても、興味があるのは自分のことで、現実のアイヌが抱えるもやもやと関わる気はありません、という意味に取れてしまいますから。

p46の漫画の一場面。一見、ほめ言葉のようにも取れるセリフだが、当然ながら、アイヌの間でも絵が得意な人もいれば苦手な人もいる。結果、失礼な表現に。

「私たち」のイメージを変える

以上をまとめると、アイヌについての一般的な説明は「世の中のどこかには風変わりな人がいる」と知らせるもので、「私たち」に表される和民族の世界に変化を起こすものではないようです。これでは、アイヌが和民族の世界に参入する気苦労や面倒はなくなりません。「**あなたのいる場所は多様な人が隣り合ってくらすところで、あなたもその一部だ。あなたが周りを見るように、周りもあなたを**

見ている」というメッセージに変えていかないと。

　メディアが伝える様々なマイノリティの声は、フツウの人々向けの仕組みが、フツウの枠から外れる人々にとってはしばしば不便であることを示しています。無色透明なようで、巨大な存在感と影響力を持つ人々（マジョリティ）が、特殊とされる人々を締め出してしまう。また、想像されるフツウの人々も本当は色々な違いを持った人の集まりで、たまたまフツウの枠内に入っているけれども、その中で不都合を感じている人がいるかもしれません。そのことを意識できる伝え方になれば「フツウと特殊」という構図を変えていけるのではないでしょうか。

　1章で見たように日本の特色を述べた書籍が膨大にあることを見れば、和民族は大いに特徴のある、個別で独特な存在です。そして、マイノリティに対し優位な地位にあるマジョリティであるということも重要です。差別の解消は、マジョリティの理解から始まります。

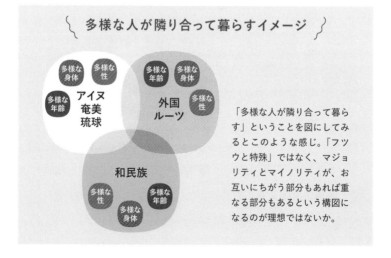

多様な人が隣り合って暮らすイメージ

多様な
身体　多様な
性
多様な
年齢　アイヌ
奄美
琉球

多様な
年齢　多様な
身体
外国
ルーツ　多様な
性

和民族
多様な
性　　　多様な
年齢
多様な
身体

「多様な人が隣り合って暮らす」ということを図にしてみるとこのような感じ。「フツウと特殊」ではなく、マジョリティとマイノリティが、お互いにちがう部分もあれば重なる部分もあるという構図になるのが理想ではないか。

差別の土台は目に見えないところにある

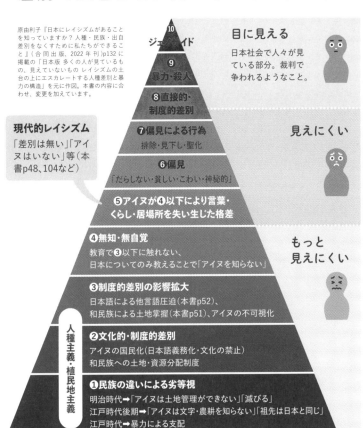

原由利子『日本にレイシズムがあることを知っていますか？人種・民族・出自差別をなくすために私たちができること』（合同出版、2022年刊）p132に掲載の「日本版 多くの人が見ているもの、見えていないもの レイシズムの土台の上にエスカレートする人種差別と暴力の構造」を元に作図。本書の内容に合わせ、変更を加えています。

目に見える
日本社会で人々が見ている部分。裁判で争われるようなこと。

10 ジェノサイド

9 暴力・殺人

❽ 直接的・制度的差別

現代的レイシズム
「差別は無い」「アイヌはいない」等（本書p48、104など）

❼ 偏見による行為
排除・見下し・聖化

見えにくい

❻ 偏見
「だらしない・貧しい・こわい・神秘的」

❺ アイヌが❹以下により言葉・くらし・居場所を失い生じた格差

❹ 無知・無自覚
教育で❸以下に触れない、
日本についてのみ教えることで「アイヌを知らない」

もっと見えにくい

❸ 制度的差別の影響拡大
日本語による他言語圧迫（本書p52）、
和民族による土地掌握（本書p51）、アイヌの不可視化

❷ 文化的・制度的差別
アイヌの国民化（日本語義務化・文化の禁止）
和民族への土地・資源分配制度

❶ 民族の違いによる劣等視
明治時代➡「アイヌは土地管理ができない」「滅びる」
江戸時代後期➡「アイヌは文字・農耕を知らない」「祖先は日本と同じ」
江戸時代➡暴力による支配

人種主義・植民地主義

差別の土台には、江戸時代から続く権利の侵害（植民地主義）と、それを支えてきた人種主義、それにより形成された和民族の特権と偏見があります。社会の多様性や近現代における加害を教育で扱わないことで無知・無自覚が生じ、格差の存在やその理由が理解されません。それにより偏見が拡大します。

マジョリティ
の
優位性

moya moya

moya moya

moya moya

自分の名前を知らないマジョリティ

私がアイヌで
あることを

まだ誰にも
言っていないのに

それでもすでに
こんなにキツい

アイヌ
差別と迫害

先祖たちは、アイヌであることを
隠さなければ生きていけなかったんだ

アイヌの歴史

でも私がアイヌであるというのは
事実だから

話が
あるんだ
けど…

どう
したの

達也の妻・
真美

そうなんだ

133

達也さんも
アイヌが
ルーツだったのね

私はさ、
静岡育ちで

アイヌのこと
ほとんど
知らなくて

うん

※「和民族」という言葉についてはp25、p136を参照。

自分を指す
言葉なのにね

そう

アイヌの人たちが
私たち和民族について
話すときにも必要だし

いかに和民族側を
中心に考えられてきたかって
ことだよね

うん

まず自分の
子どもに
教えたいと
思ってたの

次のアイヌ文化フェアに
小春と行くよ

自分のルーツに
触れてもらおう

和民族って私？

自分の属性を意識しない
マジョリティ

　本書では、アイヌをはじめとしたいくつかの民族について述べてきました。ここまで読み進める中で、皆さんは自分をどの民族に引きつけてきたでしょう。アイヌでも奄美・琉球でも外国ルーツでもないという方は「日本人」、この本の呼び方でいえば和民族に当たるのかもしれません。「和民族」はほぼ初めて触れる言葉なのでちょっと置いておくとして、自分は日本人だ、とも意識したことが無いという人も多いのではないかと思います。

　私は、授業などで「自分は何民族か」を考えてみてほしいと呼びかけます。学生の感想に一番多いのは「民族というか強いて言えば日本人だが、これまで取り立てて意識したことがない」という意見です。ここに見られるように、多くの人にとって「日本とは『民族』ではなく『国』だ」という感覚があるでしょう。ワールドカップやG7のニュースを見れば「日本」を意識しますが「民族」ではないと。そこで想像している「日本」は、実際には国内にくらす「民族」のうちの1つなのです。2022年前期に、私のある授業でアイデンティティについて任意のアンケートをとってみました。授業に出ていた学生157名のうち129名が回答してくれ、自分のアイデンティティとして「和民族」を選択した学生は92％でした。そのうち講義を受けるまで自分のアイデンティティを意識していなかったと答えた学生は82％でした。これらの学生のほとんどが日本語・日本文化

で生活し、おそらくこれまで他にルーツがある可能性を考えたこともなかったと思われます。はたから見れば日本人・和民族と考えるのがもっとも自然に見えるのですが、自分ではそうは思っていないのです。

　和民族に限らず、マジョリティは一般的に自分の属するカテゴリーのことをほとんど意識しません。この理由として文化心理学者の出口真紀子さんは 3 つの点を挙げています。

> ## マジョリティが自分の属性を
> ## あまり意識しない理由
>
> ❶ マジョリティは、初めから与えられている安定的・居心地がいい環境を特別と感じない。
>
> ❷ マジョリティは自分が属するカテゴリーを意識しにくく、自分を個人だと考える。
>
> ❸ マジョリティには、その範囲を示す名前やラベルがない。

❶は、本章でもう少し詳しい説明をします。客観的に見れば特別に優位な地位にいても、生まれつきであれば、それがふつうになってしまいます。❷は、❶と関わります。マイノリティの場合は、行動などの制約を受けることで自分の地位を自覚しますが、マジョリティはこうした機会がありません。❸も、マジョリティが優位にいることによります。マジョリティは、他の立場（アイヌ、女性、障がい者、同性愛者……）を名付け定義することで、間接的に自分達

のアイデンティティを作ってきました（p124 下の図を参照）。

　こうした名づけや定義づけは、優位な人々だけに認められている行為で、劣位の人々による名づけは無視されるか、反発を受けて成功しません。結果として、優位な人々は誰からも名づけられません。周囲に名づけをすることで自分達の輪郭はできているので、自分自身でも名づけをする必要はないのです。

「和民族と呼ばれたくない」

　意外に思われるかもしれませんが、北海道（アイヌ語でヤウンモシㇼ）の社会や大学などでも、アイヌや和民族に関する議論がされることはほとんどありません。そのため専門の研究者を除けば、和民族という言葉を使うこともほとんどありません。和民族の中には、どこかで思いがけず自分の立場を指してその言葉が使われると「そのように呼ばれたくない」と反発する人がいます。

　その理由として、1つには、「和人（＝和民族）」と、中国の文献に見られる「倭人」が混同されている場合があります。これは誤解で、「和人」は、松前藩の家老が自分達を指して使った言葉です。

　これに加え、**マジョリティとして特定の名前で呼ばれることを拒絶するのは、様々なマジョリティに見られる傾向でもあります。** アメリカでは、ヨーロッパ系の人々が「白人」と呼ばれることに対し、強く拒否感を表すことが知られています。白人という言葉は、元々はヨーロッパ系の人々自身が使ったもので、1964 年までは、法的に意味のある身分でもありました。かつては、白人の地位を得るために裁判で争われたこともあったのですが、今や「私をそのように

呼ぶな」と怒り出すワードになっているのです。

　イギリス文学者、批評家の北村紗衣さんも、**特に性差別的とも思えない男性が、ことさらに「男性」として特定されることに戸惑いや反発を見せることを指摘し、それは「男性」というラベルが付くことで、男性の地位や行為が男性自身に客観的に突きつけられるためだと推測しています**※。人類全体というあいまいなモヤの中に埋没していた男性に、男性と名づけることでそのモヤの中から引き出してみると、男性の特権的な振る舞いを、人々が直視することになるのです。

　かつて白人と名乗っていた人々が、今日ではその名で呼ばれることを嫌うのも、白人としての特権性が明らかにされ、突きつけられてきたためでしょう。

私が悪いの？

　本書で、和民族というカテゴリーや特権性について書いた箇所を見て、心苦しさや、もやもやを感じた方もいるかもしれません。これをストレートに表現し「私が悪いの？」と質問されることもあります。さらに踏み込んで「昔の人がしたことで、いつまで責められなければならないの？」と問われることもあります。そうですよね。

※特に性差別的とも思えない男性が、ことさらに「男性」として特定されることに戸惑いや反発を見せることを指摘し、それは「男性」というラベルが付くことで、男性の地位や行為が男性自身に客観的に突きつけられるためだと推測しています　北村紗衣『お嬢さんと嘘と男たちのデス・ロード ジェンダー・フェミニズム批評入門』(文藝春秋)より。

カナダやオーストラリアなどヨーロッパからの移住者が先住民族を支配してきた地域では、移住者の子孫が同じ問いを発します。これらの国も、北海道や樺太、千島、奄美、琉球と同じく入植から長い年月がたっており、マジョリティにとっても自分の境遇は選び取ったものではない、生まれつきのものだという感覚があります。

特権・権利否定は現代のコト

　「私が悪いの？」という言葉は、差別は過去のもの、終わったことで、自分はその後に生まれたのだから無関係だという気持ちの表れです。現代の人々の多くは、明治時代から戦前に進められた占領に直接関与したわけではないというのはその通りです。一方、今の日本国が形作られる時期の和民族が、支配や占領から多くの利益を得た、言い換えれば数代前の人が得た利益や特権が、マジョリティの優位性となって存続していることも事実です。そしてアイヌや奄美・琉球に対する権利否定は今日も続いています。

　その日本社会に暮らしている人は、まったく別の土地から新たに移住してきた人を除けば、何らかの形で当事者です。また、少数者を名指しして攻撃することばかりが問題なのではなく、**和民族を標準として多様性を認めない社会のあり方も、間接的に少数者の尊厳を削っていきます。**

「本州出身」は免罪符になるか？

　「自分は本州出身なので、アイヌを意識したことはなかった」。この言葉もよく耳にします。その意図することは「だから自分は差別とは無縁だ」ということです。ここには、アイヌが暮らしているのは北海道である、差別は個人の間で意識的に行われる行為であるという前提が感じられます。

　アメリカでは「人種差別は南部の偏見に満ちた者が行うことだ」という強い先入観があるといいます。すると、北部の教養と人権意識を身に付けた者は差別とは無関係だということになります。これと同じように、経済的に苦しく、地元を離れて北海道へ入植していった和民族に対する、和民族同士の偏見があるのかもしれません。しかし、北海道や沖縄、朝鮮、台湾等を植民地状態に置く政策を決定したのも、その恩恵を受け取ったのも「内地／本土」の人々です。そうした歴史を、済んだこと・無かったことのように忘れ、不都合な部分は現地の和民族の責任とするのってどうなんでしょう。

無関心でいることはできても
無関係でいることはできない

　繰り返しますが、現代の人々の多くは占領に直接関与したわけではないものの、支配や占領から利益を得て作られた社会に暮らしていること、支配が今日も続いていることと無関係ではありません。無関心でいることはできても無関係でいることはできないのです。

和民族を中心・標準とする考え方を身に付けていれば、他の民族を抑圧することにも、否応なく関わってしまいます。「本州出身だから関係ない」と、問題から自分を切り離すことは、そうした責任から目を背けることです。マジョリティもマイノリティも、たとえ不本意だとしても、自分の立場から離れることはできません。可能なことは、社会の仕組みを変えるために働きかけることです。占領を正当化するような歴史観を許容／支持したり無関心でいたりすることをやめ、支配を受けた人々の傷や権利の回復のために行動することは、過去の人にはできない、今の人にしかできないことです。

「連累」という考え方

　イギリスからの移住者としてオーストラリアにくらす歴史学者、テッサ・モーリス＝スズキさんは、2013年の著書の中で、「連累」という言葉を使って自身の責任を語っています。

　わたしは直接に土地を収奪しなかったかもしれないが、その盗まれた土地に住む。
　わたしは虐殺を実際に行わなかったかもしれないが、虐殺の記憶を抹殺するプロセスに関与する。わたしは『他者』を迫害しなかったかもしれないが、正当な対応がなされていない過去の迫害によって受益した社会に生きている

テッサ・モーリス＝スズキ『批判的想像力のために―グローバル化時代の日本』
（平凡社）より

　カナダのブリティッシュコロンビア大学では、大学の公式サイトのトップで、学長が同じ内容の姿勢表明をしています。日本の大学には、自分の立場を棚上げし、空に向かって批判を叫ぶ人はいますが、上のような姿勢を持つ人はほとんどいません。こうしたところに、あちらとこちらの状況の大きな違いを感じます。

　これらの言葉が示しているのは、支配・抑圧を受けてきた側からの問いかけに、応じようという姿勢です。これは、必ずしも直接的に罪を負わなければならないという意味ではありません。相手からの問いかけを黙殺しない、ということです。自分がどこまでを背負うかについては検討と説明をするとしても、少なくとも相手からの問いかけを無かったことにしてはならない、と先の人々は表明しているのです。

　マイノリティへの抑圧は、よく「足を踏んでいる」ことに例えられます。踏まれている方は痛みを感じていても、踏んでいる側はそのことに気付かない。うまい表現だと思います。さらに、歴史性を表現するために、足の上にイスを置いていると考えてみましょう。そのイスは、何代も前の先祖が置いたもので、自分は望んで引き継いだわけでもなく、そこに座っているとします。そうだとしても、痛みを感じている人に気付いたとき、そこに座り続けようと思うでしょうか。あるいは、自分ではなくて、親族や友人がそのイスに座っていたとしたらどうでしょう。マイノリティの側が「これ、どけられないの？」と問いかけたとき「自分が座っているわけではないので」と答えられるでしょうか。**身内に向かって「ねえ、踏んでるよ」と声をかけるくらいのことはできそうじゃないですか。**

「当たり前」が当たり前じゃない世界で

このドラマ
学校で人気
があるよ

達也の長女・
小春（12）

でもさ、アイヌって
ドラマにちっとも
出てこないよね

ほんとだね…

考えたことも
なかった

アイヌ語
教室は
見つかった？

それが…

自分にアイヌとしてのルーツがあると
知った小春がこう言うので

アイヌ語も
習ってみたい！

じゃあ教室を
探してみるね

教室を探すと
約束していた

144

北海道だから
すぐ見つかると
思っていたけれど

アイヌ語を教えて
くださる方、
知りませんか？

そもそもアイヌ語を
話せる人がいないと
知った

アイヌは自分達の言葉
を奪われ、

差別を恐れてアイヌ語
を話せなかった※

話には聞いていたけど、
それが現実のことなんだと
知ってとても
ショックだった

※明治時代に行われた同化政策のため。詳しくはp52〜54を参照。

マジョリティが優位とは

「自動ドア」のある暮らし

　マイノリティは、生活の様々な面で制約・制限を受けている、つまり「できない」「あきらめなければいけない」ことが多いと言われます。p144〜145で真美が考えたように、アイデンティティを明かすことやアイヌ語を使うこともその1つです。裏を返せば、マジョリティは特別な努力をしなくても、初めから色々なことができたり、あきらめずに済んだりするということです。マイノリティに比してマジョリティは特別な権利、特権を持っていると言ってもそれほど違和感はないでしょう。**田房永子さんの言葉を借りれば「男性ボーナス」のようなものを、どのマジョリティも持っています**※。

　しかし「特権」という言葉はインパクトがあるし「あなた特権を持ってますよね」と言われたら「はぁ？　何言ってんの」と反論したくもなります。逆にマイノリティに「あなた剥奪されまくってますね」と言っても反感を買うかもしれません。自分がマジョリティまたはマイノリティだとして、自らが有利／不利な立場にあることをふだんから自覚することは、一般にどちらも難しいようです。初めから有利な立場にいる人は、それが当たり前で改めて実感することがありませんし、多少不利な立場にある人も「これくらいフツウ」

※田房永子さんの言葉を借りれば「男性ボーナス」のようなものを、どのマジョリティも持っています　上野千鶴子・田房永子『上野先生、フェミニズムについてゼロから教えてください！』(大和書房) より。

と思いたい心理が働くからです。ただ、どちらかと言えばマイノリティ／不利な立場の方が、折に触れ自分の境遇を実感する機会はあるでしょう。

　出口真紀子さんは、特権を自動ドアに例えています。人生の節目でいろいろな選択をすることを「ドアを選んでくぐること」に例えると、マジョリティがドアの前に立った時には自動的にドアが開くので、ドアがあることさえもそれほど気になりません。ところが、そのドアはマイノリティの場合には特別な努力をしなければ開かないか、まったく開かなかったりする。そこで**マイノリティは見えていなかった壁を実感する**のです。

「できる」「できない」対照リスト

　まだ少し抽象的に感じられますが、マイノリティにはできず、マジョリティにはできることをひとつひとつ挙げてみるとわかりやすくなります。韓国でマイノリティ、人権、差別論を研究する**キム・ジヘさんが、興味深い研究を紹介しています**※。アメリカで平等を研究している人々が、自らの特権性を自覚するために「自分にはできること」を書き出し、白人特権、男性特権、階級特権、文化特権、国籍特権、異性愛者特権、非障がい者特権、言語特権といったリストを作っていきました。その一部を引用します（関連性にそって並べ替え、便宜的に番号を振りました）。

※**キム・ジヘさんが、興味深い研究を紹介しています**　キム・ジヘ著　尹怡景訳『差別はたいてい悪意のない人がする―見えない排除に気づくための10章』（大月書店）より。

❶ 私は子どもの安全のために、構造的な人種差別を意識して教える必要はない。

❷ 私が口の中に食べ物を入れたまま話したとしても、肌の色を理由にバカにされることはない。

❸ 私と同じ人種に属するすべての人々を代表して話すようにと言われることはない。

❹ 私が店などで責任者を呼ぶと、ほぼ間違いなく自分と同じ人種の人が出てくる。

❺ 私は自分の外見やふるまい、体臭で私の人種が評価されるということに気を遣う必要がない。

❻ 私は、自分が働きたい分野で私と同じ人種の人が受け入れられているかを、その分野で働いている先輩に聞くことなく、より多くの選択肢について考えることができる。

❼ 私がリーダーとして信用されていないとすれば、その理由は人種のせいだけではないだろう。

❽ 私がたびたび昇進に失敗した場合、その理由は性別のせいではないだろう。

❾ 私は夜に公共の場所をひとりで歩くことを怖がる必要がない。

❿ 私が責任者を呼ぶとほぼ間違いなく私と同じ性別の人が出てくる。

⓫ 私の運転が不注意だからといって、人々はそれを私の性別のせいにはしないだろう。

⓬ 私が複数のパートナーと性的関係を持つからといって、非難されたり、軽蔑の対象にはならないだろう。

⓭ 私の外見が魅力的ではないとしても、それは大きな問題ではないし、なんでもないことだと思える。

いかがでしょうか。個人的にはあてはまらない例もあるでしょうが、ここでは全体的な傾向に注目してください。男性特権については「あー、わかる」と感じる人が多いのではないでしょうか。⓫のように、運転のじょうずへたで「男だから」と言われることがないのは当たり前のようですが、女性の場合には運転や理科や将棋が苦手だと「女だから」と言われるのをよく目にします。⓭のように外見に気を使わないことは男性には１つの選択ですが、女性は「なってない」とマナーの問題にされたり、重要な資質が欠けているかのように非難されたりすることがあります。

この項目が男性の特権であるということは、見方を変えれば女性はこうしたことで否定的に評価されたり自信を失ったり、行動を制限されたりするということです。同じように、❷❺❼のような場面で、アフリカ系の人は個人的な傾向や行動を、出自に結び付けて見下されます。私の前職の上司も、**アイヌが何かミスや遅刻など評価を下げるようなことをすると、『だからアイヌなんだ』とか、『やっぱりアイヌだ』という言い方をされる**」と言っていたことが印象に残っています。これは私の実感でもあります。とほほー。

❶について、ブラックライブズマターに関する報道が日本でもよく流れていたころ、アフリカ系アメリカ人家庭では、子どもたちが1人で出歩くようになると、差別や迫害を最小にするために教えるべき心構えがあることが紹介されていました。そうした報道の中で、あるアフリカ系の女性が、子どもたちに「差別について知らずにいる自由を与えてあげたい」と語っていました。❶はまさに、差別されない・差別を知らずにいられる自由がある、ということです。これに近いものとして「警察官を見た時に、家族が職務質問されないか心配しないでいられる」というものもあります。アイヌの場合も周囲の状況によっては、社会から差別や監視を受ける可能性があるということを子どもたちに教えなければならないことがあります。本当は、子どもにそんな心配をさせたくないと思うのは、大人として当然のことですが。

　次に、和民族に生まれた人が置かれる環境を書き出してみます。

和民族にとっての「当たり前」リスト

❶ 自分の民族的出自を隠さなくてよい。気にもならない。

❷ 家族と自民族（和民族）の言葉で話す。国内のどこでも、全ての生活・手続きを自分の言葉で行うことができ、他の言葉を身に付けずに済む。コミュニケーションが成り立たないときは、相手が言葉を覚える力・努力が足りないと考えることができる。

❸ 先祖が住んだ土地を「私たちの土地」だと言える／考えることができる。

❹ 保育所や幼稚園の先生は、自分と同じ民族だった。

❺ 学校の担任は、ずっと自分と同じ民族だった。

❻ 学校・地域で自分の民族語（国語）、民族史（日本史）、民族文化（日本文化）を教わった。

❼ 新聞、雑誌、テレビ、映画、街中の標識、地図などに自言語が使われている。

❽ 給食には民族料理（和食）がよく出た。給食だよりには「伝統料理」や「郷土料理」として自民族の料理が紹介されていた。

❾ 教科書、教材に登場する人物、キャラクターの多くが自分と同じ民族だった。

❿ 自民族は、他よりも優れた民族だと学校や地域、メディアで聞かされた。

⓫ 友人のほとんどは自分と同じ民族。

⓬ 町内の人も多くが自分と同じ民族。どこにいても少数派になることはない。

⓭ 企業など組織のトップ、政治家の多くが自分と同じ民族。

⓮ 地域にある銅像などのモニュメントの多くは自分と同じ民族。

⓯ テレビ、映画、CM、書籍、雑誌、新聞、街中の広告で目にする人は、ほとんどが自分と同じ民族か、あるいはヨーロッパ人。

⓰ 出身地を聞かれない。そこにいることを不思議がられない。

⓱ 「なぜそのような外見なのか」と質問されない。

⓲ 警察官を見た時、家族が職務質問を受けるかどうか気にならない。

⓳ 家族から差別を受けないよう用心してと言われたことがない。

⓴ 家族の誰かが差別を受ける心配をしたことがない。

これらは和民族であれば当たり前すぎて、特別なこととも感じないかもしれませんが、アイヌの場合にはそうそう実現できないことです。最も根本的なこととして、出自を明かせないことがあります。意外かもしれませんが、アイヌとしてアイヌ文化を学んだり、講師として紹介する仕事をしたりしている人でさえも、家族には自分がアイヌだとはっきり伝えていない人が少なくありません。アイヌとして表に出てくる人が増えたように見えても、その人々が出自を隠さなくてよくなっているとは限らないのです。不特定多数に向かって話すよりも、身近な数人の人に話す方がハードルが高かったりします。❸❹❺などは、こんなこと想像したこともなかった、という人もアイヌの中には多いでしょう。各項目はそれぞれに関連していますが、とくに❷から❽は、自分の言葉や衣食住の文化を維持したまま、社会に参加できる裏付けになるものです。

　自分が本来覚えるはずの言語を身に付け・使うことを妨げられない権利を言語権と言います。明治の初めまで、北海道や奄美・琉球を日本語だけで旅することはできませんでした。今現在、それが可能になっているということは、**和民族の言語権を社会が保障しているということ**です。より具体的には、**日本語話者はそれまで別言語を話していた人々の「歩み寄り」によって言語権を保障されている**ということです。

　それも含めて、⓯までは、自分の属する人々・社会を前向きにとらえ、自尊感情を持つことにつながります。⓰以降は、その社会に自分がいても良い・そこが自分の居場所だと自然に思える感覚、いわば社会から承認を受けていると思える感覚に関わります。アイヌにはこうした感覚が持てず、自分の出自も伏せて過ごさねばならない場合があります。和民族であるかアイヌであるかによって過ごす

人生がどれほど違うか、ここから見えてこないでしょうか。

　優位性を持っていると聞くと、非難されたと感じるかも知れません。言語権など和民族が持つ優位性は、歴史的に暴力と支配によって得てきたものがあることは確かです。しかし、まずは、善い悪いでなく事実として知っておく必要があると思います。もちろん、個人の経験の違いも大きく、ここでは触れなかった経済的な問題や家族・周囲の人との人間関係など、マジョリティの中にも、生きる上でいろいろな壁を感じている人もいるはずです。しかし、それらはマイノリティも経験することでもあるのです。

　不利な立場に生まれた人と同じく、優位な立場に生まれた人も、自分で選んでそうなったわけではありません。立場の弱い人を見下したり、自分の特権を利用して相手を脅かしたりすることは不当だと言えますが、たまたま特権的な立場に生まれたことが悪だというわけではありません。ただ、自分が生まれた社会にある不均衡を維持したいか、変えたいか、ということは問われます。**そのとき、無関心を装ったり、格差や抑圧を無いことにしたりしてしまうことは、結果的には不均衡な現状の維持につながるのです。**「ぼくは立場の違いを気にせず、垣根なく付き合いたい」と言ってみせることは、優位な立場の者にとっては気分の良いことかもしれません。しかし、マイノリティにとってはまったく意味がありません。むしろ、自分が優位にあることを隠す、あるいはマイノリティからの指摘にまともに取り合わない態度として呆れられるかも知れません。

勇気を出して、そのひと言を

真美先生
これできた

わ～
いいねェ

私は保育園で
働いている

リンちゃんのママ
今日もお酒
くさかったです

え～
また？

154

○○地区※の人
だからねぇ…

また始まった

※○○地区⇒アイヌ（または外国人）が多く住む地区。

マジョリティはどうすればいいのか

「当事者の声を聞こう」

2023年2月21日、那覇市の沖縄県立博物館で、ヘイトスピーチと報道をテーマにしたトークイベントが開かれました。当日の様子は報道され、「被害者に隠れず報道を」という印象的な見出しが付きました。

被害者に隠れるとはどういう意味でしょう。フォトジャーナリストの安田菜津紀さんは「マイノリティ当事者の言葉を大事にすることはとても大切なことなんですね。当事者を抜きにして、それ（被害）を語ってはいけないし。他方で、自分は当事者のかげに隠れて『この人はこう言ってます』と言っているだけで良いんだろうか」と語りました。話題の中心は、沖縄や在日外国人と子孫へのヘイトでしたが、私はこの記事を見て「ああ、こういうところもアイヌと事情が同じなんだな」と感じました。

アイヌの報道と言えば大抵は文化やイベント関連なのですが、近年は社会問題について扱う記事も増えてきました。例えば、政治家の失言や**文化盗用**※などについて批判的な記事を書く新聞社もあります。こうした批判の目があることは重要だと思うのですが、よく見ると「○○が問題になっている」「アイヌの○○氏はこのように言っている」という記事が目に付きます。報道は中立であるべきだ

※**文化盗用**　ここでは、アイヌの工芸品などに見られる文様を、他者が模倣してロゴや商品デザインなどに用いることを指しています。

としても、日常の中から記事となる話題を選び出すのは記者や新聞社です。当然ながら、取材を受けるアイヌは、アイヌにまつわる全ての出来事に目が届いているわけではありませんから、取材を受けて「えっ、そんなことあったの？」と驚くことも少なくありません。そのようにして記事に載るコメントの中には、戸惑いながら「そう聞かれたら、自分ならこう思うけど（でもよく知らないけど）」と答えたような、ある意味受け身のコメントもあります。報道では、積極的に取材を仕掛けた側の記者は名前が出ないことも多く、「当事者」だけが矢面に立つことにもなります。「取材をしちゃいけない」とは思わないでください。取材はもっとしていただきたいのですが、取材者の姿勢を明確にできないか、と思うのです。

マジョリティが声を上げる

　こうしたことは、大学の中や市民団体の議論を聞いていても感じます。マイノリティの状況について「当事者」の声を聞き、「当事者」から社会に伝える方が良いという意見が聞かれます。しかし、マイノリティに関心がある人々であれば「当事者」は被差別体験によって傷を負っている人だと知っているのではないでしょうか。辛い思いを抱えながら、未来が変わることを願って声を上げる人は、確かに強い人です。**それでも、恐怖や辛い感情に蓋をして人前に立っているということを忘れないでほしいのです。** 中にはシンポジウムなどに「当事者」を引っ張り出すことには熱心でも、その場での差別を防止することには労を惜しむ人もいます。むしろ、そこで差別が起これば「差別が可視化される」などと言う人までいます。

「当事者」という言葉にも違和感があります。マイノリティはマジョリティが作り出した環境の中で暮らしているのですから、マジョリティも「当事者」です。それに、きちんと意見に耳を傾けてもらえるという点でも、マジョリティは有利な位置にいるのです。

　生の言葉と声に、力があることは確かです。しかし、マイノリティには「感情的・ひがみっぽい」というバイアスをかけられることがありますし、数の上でも不利です。**必死に絞り出した申し立ての声を、マジョリティは「気のせい」「よくあること」の一言で打ち消してしまうことができます。被害者の声を消さず、マジョリティに呼びかけ、聞かせることができるのはマジョリティの側なのです。**

「生の声」は響いている

　インタビューやルポルタージュの形で、アイヌの声を書いた書籍は60年代から刊行されています。アイヌ自身が自伝などで体験をつづったものもあり、多くの良書があります。あえて被害者を表に立たせなくとも、それらにつづられた言葉を見て問題を発見することはできます。**すでに生の声は響いているのです。**被害を受けた当人として声を上げることはできなくとも、1人のマジョリティとして、社会的な不正義に異議を唱えることはできます。

　学問のうち、その土地に行って人に会う分野には「調査地被害」という言葉があります。調査に付き合う時間と気力、場所などを提供させられるとか、仕事を休むことによる収入減もあります。そもそも調査自体が現地にとっては大きなインパクトであり、人間関係をひっかきまわすとか資料を借りて返さないとか、無遠慮に写真を

撮りまくるなど例を挙げればいろいろキリがないのですが、差別体験についても調査地被害は起こります。例えば、差別とはどんなことですか、どんな差別を経験しましたか等々の質問攻めにすることです。**私も、頻繁に研究者の訪問を受けますが、判で押したように「なぜ差別があるのか」とか「なぜそんなことで傷つくのか」と聞かれます。それアイヌに聞く？**　特に報道関係者や研究者・学生の場合、すでに書かれたアイヌの言葉に目を通さずに「何が問題なのか語ってくれ」などと言うのは一種の怠慢です。

　人の心を取り出して観察することはできませんから、差別の理由などという心理的な事情は差別者に聞かなければわかりません。これまでの研究や取材は、マジョリティに目を向けるという発想が決定的に欠けています。しかも、わざわざ差別について聞きに来た人びとから「あなたの気のせいではないか、気にしたらいけない」というクソバイスを受ける機会のなんと多いことか。

　研究者にもあまり認識されていませんが、被害の無化、つまり**差別による被害を「考えすぎだ」等と言って安易に否定し、その経験を認めないことは二次加害です。**被差別体験を聞くときは慎重を心がけ、自分にとって差別性が理解できないとすれば「なぜ自分には理解できないのか」と内省する姿勢が求められます。同じ体験をしても、人によって受け止め方やダメージの大きさは違うものです。それは、その人がセーフティネット（相談できる人、逃げ込める場所、自信を持てる経験など）を持っているかによっても大きく変わります。被差別体験を聞いても、リアリティが感じられないとすれば、それは当事者ではないことに加え、セーフティネットなど自覚しにくい要素に守られている可能性があります。そうした考えや想像力を持てない人は、マイノリティの調査をする者としてはいささ

か素朴すぎです。

　差別を探求するハードルを上げたくはありませんが、差別やマジョリティについての研究を多少は読んでから来てほしいと切望します。そういう準備や、相手に二次被害を与えるリスクを避けるためには、すでに記録されているものを読み込むのが最良でしょう。

アクティブバイスタンダー

　大学からセクシュアルハラスメント・性暴力を無くそうと活動する「Safe Campus」という大学生の団体があります。そこで注力しているのは、**アクティブバイスタンダー**※（積極的に被害を止める第三者）になること。差別や暴力が起こる時、そばで傍観している人は、消極的であってもそれを許しているという意味で共犯者となってしまいます。そんなの辛すぎる。そう思う人も少なくないはずなのに、いざ目の前で加害が起こると、とっさに行動できないことが多くあります。見て見ぬふりをしてしまうこともあれば、ぼうぜんとしているうちに加害が進んでしまうこともあります。

　語学には文法だけでなく会話練習が必要なように、ふだんから持っている問題意識を生かし、素早く適切な行動を取るためには、反射的に動けるまで反復をするトレーニングが必要です。p154〜155の真美の行動がまさにアクティブバイスタンダーのそれです

160

※**アクティブバイスタンダー**　「バイスタンダー」は、その場に居合わせた第三者を指す言葉。差別やハラスメントなどにあっている人がいるとき、被害を軽減するため、積極的に行動する第三者のことを「アクティブバイスタンダー」と呼びます。

が、これはふだんから考えていたからとっさに行動できたのですね。

p155の漫画の一場面。「よしっ 今日こそ言おう!!」という言葉からは、真美が同僚たちの差別的な発言を見て見ぬふりをすることにずっと罪悪感を覚えていたこと、そして、いつかは意見しようとずっと心の中で準備していたことがうかがえる。

　「Safe Campus」では具体的な行動を促進するために、次のページにある「5つのD」というポイントを挙げています。

「アクティブ バイスタンダー」になるために！
覚えておきたい5つのD

Distract ｜注意をそらす

知人のふりや、関係のない話をするなど、加害者の注意を
そらすことで被害を防ぐ。

Delegate ｜第三者に助けを求める

教員や店舗の責任者、駅員など別の人に助けを求める。

Direct ｜直接介入する

加害者に注意する。加害者の敵意が向く場合もあるので、
被害者と介入者の安全が確保されていることが大切。

Document ｜証拠を残す

日時や場所を特定できるよう、映像などを撮影する。安全な
距離を保ち、撮影中も被害者から目を離さないこと、撮影し
たものをどうしたいか被害者に確認をとることが大切。

Delay ｜後で対応する

その場にいなかったときや行動を起こせなかった場合でも、
被害者に声をかけ、何かサポートできる方法があるか尋ねる
など、事後に行動する。

Safe CampusのXより

　「Safe Campus」では、すてきなデザインのバッジを制作してい
ます。アクティブバイスタンダーであることを表明し、被害者が助
けを求めやすくなる効果を意図してのことです。バッジは痴漢対策
などにも有効だと言われています。「アイヌ差別に介入する」と表
明するバッジがあったとしたらどうでしょう。多くのアイヌが、内
心泣かんばかりに安心するように思います。

差別のワクチン

　差別やハラスメントは、それと気付きにくい装いをしていることがあります。そこで、差別に気付いて言葉にすることで、差別の悪影響を弱めることができるといいます。社会学者の佐藤裕さんは、これを「ワクチン」に例えています。差別に耳をふさぐのではなく、差別についての知識という「毒」を取り入れることで、抗原が生まれます。ワクチン接種によって隠された差別に気付き、指摘し、不当性を明るみに出すことは、アクティブバイスタンダーの役割と同じですね。

　アイヌとしての当事者研究や著述、社会的活動にも尽力した萱野茂さん※の『アイヌのイタクタクサ』という著書があります。「イタク」はアイヌ語で言葉という意味で、「タクサ」とは、人に危害を及ぼす魔物を払うための祭具ですが、人の言葉にもタクサとしての力があるという考え方が紹介されています。差別ワクチンはまさにイタクタクサです。これを知って分かち持っていれば、差別という魔物に対する、心強い備えとなるでしょう。

※**萱野茂さん**　萱野茂（1926〜2006）は、子ども向けのアイヌ語教室を開いたり、伝統的民具を集めて資料館を作ったりと、アイヌの文化を次世代に継承するための活動に尽力しました。アイヌ民族として初めて、国会議員となり、国会でアイヌ語で質問しました。また、「アイヌ文化振興法」の成立にも取り組みました。

差別に抗するインフラ

歴史の語り継ぎ

　ここまで、個人やグループ単位で取り組むことを紹介してきました。最後に、より大きく社会や政治のレベルで取り組むべきことを紹介します。

　差別が生まれた経緯（2章）やマジョリティの優位性（4章）を理解するために、歴史を知っておく必要があります。カナダやオーストラリアでも、先住民族と入植者の間に、歴史を通じて何が起こってきたかを整理し、語り継ぐことを重視しています。**特に重要なのは、教科書に記載することです。**教科書の内容は文部科学省が認定します。ここには、マジョリティの意向が強く反映し、マジョリティの視点に立った書き方になります。ということは、マイノリティ視点での記述は入りにくくなるということです。歴史で言えば、明治以降のアイヌにとっては、日本国民に統合されたことと土地の強制的な収用を受けたことが重大な出来事でした。この過程を描かずに、和民族政府が指定したわずかな土地をアイヌに「給与」したことだけに触れておけば、和民族政府がアイヌに対して温情的な政策を行なってきたと印象付けることもできます。

　私たちが持っている世間・常識や、歴史についての感覚は教科書によって作られているところが少なくありません。過去数年で、学習指導要領が順次改訂され、アイヌ民族についても言及するよう求められていますが、それは文化に限ってのことで、歴史や現状についての記述は不十分です。また、日本の教育では、人権保障に関す

る取り組みが「思いやり」の問題として語られがちだと言われます。人権保障は、マジョリティにとっても重要なテーマとして、とらえ直しが求められます。こうした改善のため、声を集めて社会や政治に働きかけることも必要です。

規定・条例・法律

　社会に大きく影響する制度作りも重要です。マイノリティに関する諸制度を見ると、良い取り組みを奨励・後押しするものと、望ましくない行動を抑止したり、処罰したりするものがあります。札幌市では、2017 年に「LGBTQ フレンドリー指標制度」を設けました。これは、セクシュアルマイノリティが安心して働ける職場作りに取り組んでいる企業を、札幌市が認証するものです。今日では、企業や各団体もコンプライアンスを意識して、多様性と包摂性とを高めようとしています。これを行政の側から評価することで、後押しする制度です。同様の取り組みが宮崎市、大阪市、埼玉県、東京都などでも進められています。埼玉県の取り組みでは「work with Pride」という団体が 2016 年に策定した「PRIDE 指標」に基づいて企業の取り組みを評価しています。具体的でわかりやすいので、次のページに要約してまとめています。このように、望ましい世の中を目指した努力を認める方式は、非常にポジティブな取り組み方で、企業にとっても良いイメージにつながり、多くの人にとっても受け入れやすいものでしょう。

　これと並行して差別的な言動を規制する取り組みも必要になります。罰則を設けなくとも、人々の善意によって改善していくことを

企業の取り組みを評価する「PRIDE指標」

1. Policy：行動宣言

評価指標｜会社としてLGBTQ+等の性的マイノリティ、および SOGIに関する方針を明文化し、インターネット等で社外に向けて 広く公開しているか。

2. Representation：当事者コミュニティ

評価指標｜LGBTQ+当事者・アライ(Ally、支援者)に限らず、従 業員がLGBTQ+やSOGIに関する意見や要望を言える機会を提供 しているか(社内のコミュニティ、社内・社外の相談窓口、無記名 の意識調査等)。また、アライを増やす、顕在化するための取り 組みがあるか。

3. Inspiration：啓発活動

評価指標｜過去2年に、従業員に対してLGBTQ+やSOGIへの理解 を促進するための取り組み(研修、啓発用メディア・ツールの提供、 イントラ等での社内発信、啓発期間の設定等)を行っているか。

4. Development：人事制度・プログラム

評価指標｜家族の看護、介護等による休暇、支給金その他福利 厚生といった人事制度・プログラムがある場合、戸籍上の同性パ ートナーがいることを会社に申請した従業員およびその家族にも 適用し、社内に向けて公開しているか。トランスジェンダーやノン バイナリーの従業員が希望する性を選択できる制度や性別適合手 術・ホルモン治療時の就業継続サポート、男性用女性用に限定 されず利用できるトイレ・更衣室等のインフラ整備はされているか。

5. Engagement/Empowerment：社会貢献・渉外活動

評価指標｜LGBTQ+やSOGIに関する社会の理解を促進するため の社会貢献活動や渉外活動を行っているか。

※work with Pride「PRIDE指標2023」をもとにまとめています。

期待したいところですが、インターネット上の中傷など、深刻な被害が止まらないのも現状です。

　日本では、さまざまな差別に対応するため、2014年の「障害を理由とする差別の解消の推進に関する法律」（通称「障がい者差別解消法」）や、2016年の「本邦外出身者に対する不当な差別的言動の解消に向けた取組の推進に関する法律」（通称「ヘイトスピーチ解消法」）などが相次いで制定されてきました。2019年5月には「アイヌの人々の誇りが尊重される社会を実現するための施策の推進に関する法律」（通称「アイヌ施策推進法」）が制定され、第4条には、アイヌ民族に対する差別を禁じ、差別解消に向けた努力を、全ての国民に求めることが記されています。しかし、これらの法律ができたからといって、ただちに様々な問題が解消するわけではありません。大阪府や川崎市ではヘイトスピーチに対する罰則規定を盛り込んだ条例を定めることで、効果を挙げています。

　法律や条例を定めるには大きな労力が必要ですが、PRIDE指標で見たように、会社や大学など、身近な場所からの取り組みも有効です。例えば、多くの職場の服務規程やハラスメントガイドラインなどには、セクハラ、パワハラなどについては書かれていますが、レイシャルハラスメント（人種・民族性に基づくハラスメント）について書かれていることはほとんどないでしょう。そこで、これらの規定・ガイドラインに、レイシャルハラスメントの禁止を書き加えることは有効です。ふだんの生活環境に、レイシャルな問題があることはもちろん、そもそもレイシャルな違いがあることさえ理解してもらうことは容易ではありません。大変な道のりではありますが、これらを明記することで、自治体や職場は差別をしないのではなく「差別を許さない」という姿勢を明確に打ち出すことにもなり

ます。差別の発生を抑制・予防する象徴的な面からも、取り組む意義は大きいと思います。

　例えば、2013年にハラスメントが起きた立命館大学では「ハラスメント防止のためのガイドライン」を整備し、レイシャルハラスメントに当たる事項等を具体的に記載しています。私の職場である北海道大学でも、2022年から大学本部内にアイヌ シサム ウレシパ ウコピッカレ ウシ（アイヌ共生推進本部）を設置し、学内でレイシャルハラスメントへの対処に向けた検討が進んでいます。2020年に設置された民族共生象徴空間「ウポポイ」や運営団体であるアイヌ民族文化財団等の団体にも PRIDE 指標を参考に内部規定を整備し、アイヌ施策推進法4条の具現化を進めることが期待されます。

　2023年8月には、国連人権理事会の「ビジネスと人権」WG が、民族共生象徴空間「ウポポイ」の職員がレイシャルハラスメントや心理的ストレスを受けていることを懸念すると発言しています。

　ヒアリングの直前に掲載された北海道新聞の記事によると、同施設の管理者はレイシャルハラスメントについて、特段の問題意識を持っていないようです。組織として差別を許さない方針を明確にするとともに、制度の整備から敷地内での迷惑行為の例示など、すぐに取りかかれることから取り組みを始めるべきでしょう。

進化形文化事業へ

　また、アイヌ施策推進法にもとづく交付金を受けている市町村にも、差別の抑止や対応に向けた条例などの整備が求められます。2023年の時点で、施策推進法の施行から3年が経過していますが、

この交付金に基づく事業は文化の普及に終始し、差別や近代史について知らせる取り組みは見られません。

　文化事業の質を考える上で、BL 研究等で活動する溝口彰子さんが提唱する「進化形 BL」という言葉が参考になります。溝口さんによれば、90 年代までの BL 作品は同性愛嫌悪がない世界を描いており、それは現実とは距離のある物語でした。2000 年代に入ると、作中でも同性愛嫌悪が描かれるようになり、登場人物も読者もそれに向き合うことになりました。つまりエンタメ作品としての在り方を保ちつつ、現実の問題に向き合う契機を含んでいるという意味で「進化形」なのです。既存の文化事業の多くは、社会にあるアイヌヘイトを完全に無視しています。まずは偏見・差別を直視することで、それを乗り越える力を養うことにもつながる、進化形文化事業を構想することができるでしょう。

　アイヌ施策は、他のマイノリティについての施策とは別個に行われることが一般的です。しかし、民族性や性別など属性は違っても、マイノリティとして経験する困難には共通するものが多くあります。PRIDE 指標に示されているように、内部の教育から着手し、外部からのチェックも受けて適切な施策を進めることが必要です。私たち市民の立場からは、こうした諸団体や行政の取り組みをウォッチングし、必要に応じて協力や要請をしていくべきでしょう。その時にも、女性学や男性学、障がい学、セクシュアルマイノリティ、それに奄美・琉球や在日コリアン、在日ブラジル人といった民族的マイノリティの研究が大いに参考になります。

moya moya　北原モコットゥナシ　×　田房永子　moya moya

——本日は、特別対談ということで、よろしくお願い致します。北原先生は、田房先生の漫画をお読みになっていかがでしたか？

北原 私は元々、田房先生の漫画が大好きだったので、できあがってみると、やっぱりいいな、お願いできてよかったなというのがまず一番です。あと、マイノリティの話って、個人名を出すと二次加害のリスクがあったり、プライバシーに関わったりということがあるので、今回伝えたかったことを表現するのに漫画はぴったりだったなと、改めて感じています。文章だと個人的・具体的なことは語りにくいし、でもあんまり一般化してしまうと何のことなのかよくわからなくなってしまう。例えば「どうそれが困るのか」というのが、頭ではわかるんだけど、感覚的に伝わりにくいことがどうしてもあるので。漫画で、1人の人格を持ったキャラクターがいて、感情移入してしまうような話の展開があって……、というのは、すごく大事だと思うんですね。

田房 よかった、うれしいです。今回お話をいただいたとき、私は本当にアイヌのことを全く知らなかったので、私が携

わっていいのかという不安もあったんです。でも同時に、なんでこんなになんにも知らないんだろう？　という疑問もすごくあって。何も教えてもらっていない、ということを知りました。そして、マジョリティの人がマジョリティの人へ、「マイノリティの人たちについて」を教えるのは難しいんだなとか。先生の解説を読んで、そういったいろいろなことに気が付きました。

北原 — ありがとうございます。

田房 — それに、自分がどう理解していなかったか、も分かりました。アイヌに対して「よくわからない」というもやもやが晴れて、対アイヌ、で自分はマジョリティなのだということが分かりました。それすら知らなかったんです。アイヌの人たちとの関係性がわかることで、自分の輪郭がはっきりしてくる感覚がありました。

——この本の漫画の主人公は男子校の高校生ですが、なぜこのキャラクター設定にしたのですか？

田房 — まず、学校の話にしようと思いました。小学校、中学校、高校は、やりたいことや好きなことや価値観がバラバラな人たちが集まってる場所ですよね。その中でいわゆる「スクールカースト」の上位にいるような周りに配慮しなくても伸び伸び生きているイケイケ男子とか、誰でも自分と同

じであると疑っていない男子が、主人公であるアイヌの颯太の近くにいる、という環境は、学校が一番分かりやすいかなと思いました。クラスに女子もいると、その対比がよく分からなくなるので、舞台は男子校にしました。男性というマジョリティの人たちが集まっている場所、という感じで。後半の達也さんも、男性が主人公というのが私の中では描きやすかったんです。

北原 実は、10月にシンポジウムがあって、そこでアイヌへの差別の社会調査をずっとしてきた人が発表していたんですけど、アイヌの中でも、やっぱり学校時代がきついっていう声が多いんですよね。生まれたタイミングと場所だけで、全然考えが合わない人たちとの集団が作られているという。それで、ほぼ週5日いっしょにいなくてはいけないし。結構、活動もいっしょにやらなくてはいけないし。

田房 そうそう、文化祭とかもいっしょにやらなくちゃいけないし。大学などに入ってしまうと、思考が似ている人たちが集まるから少し楽になるけど。

北原 マジョリティの側も感じているプレッシャーみたいなもの、そういう息苦しさを描くには、男子校って最適だったんじゃないかなと思います。

田房 そうですね。きっと「日本男児」って言っている男子たち

（p34）も、いろいろなプレッシャーを抱えているんだろうなと。そういう部分も感じてもらえたらいいですね。

—— 田房先生は、解説を読んで、どんな所が印象に残りましたか？

田房 ヘイトを丸出しにしてしまう人たちを、どうとらえればいいのかという説明が、とてもわかりやすかったです。ヘイトの中にも種類があることや、言われた側や聞いている側がなぜ不快になるのかがよくわかりました。自分が物書きとしてネット上の知らない人から受けた言われのない言葉も、この本のパターンに当てはまりました。仕組みがわかると、自分を直撃していた言葉に少しクッションが付いて、「この人が発している攻撃的な言葉」と「私自身が取り組むべき問題」の違いを認識することができるんですね。

北原 問題を言葉でとらえ直すというのは、大切なことですよね。

田房 この本に書いてあるのはアイヌの話なんですが、生活のいろいろな場面で活かせるお話がたくさん入っているなと思いました。ニュースを見ていても、「これは北原先生の解説に書いてあったことだ」と思うことがあります。だから、みんなに読んでほしいと思って、知り合いの人たちにも今、一生懸命勧めています！

北原 それはありがとうございます（笑）。とてもうれしいです！

約20万年前	アフリカでホモ・サピエンスが生まれる。
約5〜6万年前	ホモ・サピエンスがアフリカを出て移動を始める。
約3万年前	ヤウンモシリ（北海道）やその周辺で、現在の諸民族につながる人々の暮らしが始まる。
約1万4千年前	ヤウンモシリで土器が作られるようになり、しだいに定住する暮らしが始まる。
約2000年前	おもに本州との交易によって、鉄器が流通し始める。
5世紀	ヤンケモシリ（樺太・サハリン）からヤウンモシリへ渡来人（オホーツク文化人）がやって来て、樺太や中国大陸と交易を盛んに行うようになる。
7世紀	本州にできた古代国家との交易が盛んとなり、ヤウンモシリでかまどなどの文化を導入するようになる。720年に完成したとされる『日本書紀』などの史料にアイヌ語地名が記録されるようになる。
13世紀	ヤンケモシリで勢力を拡大しようとするアイヌと、ニヴフ（樺太北部周辺に住む北方民族）の間で争いが起こる。
1264年	元（モンゴル帝国）がヤンケモシリのアイヌを攻撃する。
13世紀	安藤（安東）氏が現在の青森県に十三湊という港を整備。アイヌと和民族の間の交易が活発化する。ヤウンモシリで土器やかまどを使う文化が終わり、鉄鍋や囲炉裏を使う生活に変わる。
1308年	アイヌと元の戦いが終わる。
14世紀	和民族がヤウンモシリの南部に進出し、「道南十二館」と呼ばれる12の拠点を築く。
15世紀	明がヤンケモシリのアイヌと交渉する。
1457年	渡島半島東部アイヌの首長・コシャマインが、道南十二館を攻撃するが、敗れる（コシャマインの戦い）。